심도 있게 편찬된
구역 및 대학·청년부 BEST G.B.S. 시리즈

BEST
에스더/ 룻기

묵상하는사람들

프리셉트

서문

하나님의 말씀을 향한 뜨거운 열정을 가진 한국 교회 성도들을 위하여 쉼없이 달려온 프리셉트성경연구원은, 쉽고도 심도 있는 성경공부 교재 개발의 부르심에 따라 BEST G.B.S. 시리즈를 기획하여 출간하게 되었습니다.

BEST G.B.S.는 참여자들의 수준이 천차만별하고 그들이 처한 상황이 다양한 점을 고려하여, 다양한 포커스를 가진 도입글과 질문을 제시하였습니다. 뿐만 아니라 깊이 있는 질문을 다각도에서 나눌 수 있도록 선택 질문을 기획하여 묵상의 깊이를 더하였습니다.

한편, 프리셉트성경연구원은 한국 교회를 효과적으로 돕는 다양한 교재를 구역, 셀, 소그룹, 그리고 청년부의 조모임을 위해 많이 개발하고 있습니다. 그 종별의 특징은 다음과 같습니다.

Ⅰ. G.B.S. 교재의 종별 특징

1. High G.B.S. 시리즈

평신도 소그룹 중 성경공부를 장기간 진행해 온 분들에게 적합한 교재입니다. 프리셉트성경연구원의 고급 과정(PUP)에서 다루는 내용을 압축하여 정리한 내용으로서, 참여자들이 1시간 정도 예습해 올 수 있을 때에 효과적으로 진행할 수 있는 교재입니다.

2. BEST G.B.S. 시리즈

소그룹 참여자들의 신앙 수준이 다양한 점을 고려하여, 다양한 도입글과 질문을 제시하였습니다. BEST G.B.S.를 쉽고 편하게 진행하기를 원하면, 「더 깊은 연구와 묵상을 위하여」를 생략하고 다룰 수 있습니다.

3. 쉬운 G.B.S. 시리즈

이 교재는 질의응답식 내용을 통해 누구나 예습 없이 현장에서 쉽게 진행할 수 있도록 구성되었습니다.

4. **주제별 G.B.S. 시리즈**

이 교재는 성경의 내용을 주제별로 다뤄서 해당 주제에 대해 성경적 세계관을 확립하는 데 큰 도움을 줍니다.

5. **하나님 마음에 합한 시리즈**

이 교재는 신앙생활에 관한 16가지 주제를 소그룹용으로 편찬한 교재로서, 쉬운 G.B.S.에 비해 다루는 내용이 넓고 깊습니다.

6. **40분 G.B.S. 시리즈**

이 교재는 미국 프리셉트 본부에서 기획된 교재로서, 약 40분 동안 활발한 토의식 성경공부를 진행할 수 있도록 구성된 편리하고 유용한 교재입니다.

7. **성품 G.B.S. 시리즈**

이 교재는 성도들이 소그룹에서 끈기 있게 예수님의 성품을 배우도록 편찬되었습니다. 이 시리즈는 감사, 경건 등 성품이란 주제에 대하여 성경 본문을 집중적으로 연구하여 적용하도록 돕는 성품 변화에 통합된 자료입니다.

8. **기타**

그 외에 수련회용, 주말 성경학교용, 청소년용, 제자훈련용 등 많은 교재가 준비되어 있습니다.

II. 인도자를 위한 안내

1. 시작 시간을 정확히 지키십시오.
2. 성령님께서 말씀의 비밀을 깨우쳐 주시도록 함께 기도하십시오.
3. 성경공부에 들어가기 전, 지난 주에 깨달은 말씀을 함께 나누면서 마음을 여는 시간을 가지십시오.
4. 인도자는 시작하는 질문을 던지면서 참여자들의 활발한 토론을 유도해 나가십시오. 질문을 할 때에는 교재에 주어진 문제에만 국한하지 말고 다른 보충 질문들을 준비하여 이끌어 가십시오.

5. 각 문제마다 적절한 시간을 안배하여 중점적으로 다룰 문제는 충분히 토의하고 지엽적인 문제는 간단히 진행하십시오.
6. 각 과를 인도한 후, 다음의 평가항목을 통해 스스로 자기 점검을 하십시오.
7. 인도자로서 좀 더 깊이 성경을 배우고자 하는 분들은 프리셉트 성경연구 과정에 참여하셔서 도움을 받으시기 바랍니다(문의: 02-588-2218).

Ⅲ. 평가항목

1. 보조 질문은 좋았는가?
   명확하고 간략했는가?
   본문에 충실했는가?
   본질적인 문제에 접근했는가?
   깊은 통찰과 적절한 적용을 이끌어 냈는가?
2. 참여자의 발표를 잘 유도하고 격려했는가?
3. 말을 너무 많이 하거나 적게 하지는 않았는가?
4. 준비를 충분히 하였는가?
5. 분문에서 벗어난 방향으로 토의가 진행되지는 않았는가?
6. 시간은 잘 지켰는가?

Ⅳ. 본 교재에 대하여

에스더는 B.C. 458-464년까지 페르시아 제국을 통치하던 아하수에로 왕 때 일어난 일들의 기록입니다. 따라서 본서는 에스라 6-7장의 사건과도 깊은 연관성이 있습니다. 에스더에는 하나님이라는 단어가 한 번도 나오지 않습니다. 하지만 이것이 오히려 우리에게 중요한 메시지를 전달해 줍니다. 즉, 우리는 이를 통해 하나님은 시간과 공간을 초월해 항상 역사의 배후에서 택하신 백성을 보호하고 다스리신다는 메시지를 얻을 수 있습니다.

에스더는 유대 민족에게 제2의 유월절로 여겨지는 부림절의 기원을 밝혀 줍니다. 이를 통해 출애굽에서 나타난 하나님의 구원 역사는 물론, 부림절을 통해 나타난 하나님의 구원 역사도 강조하고 있습니다. 결국 이 말씀으로 성도들은 역경을 당할지라도 결국에는 승리하게 된다는 사실을 배우게 됩니다.

룻기는 이방인도 구원을 받아 하나님의 백성이 될 수 있다는 사실을 기록하고 있습니다. 이방 여인 룻은 자신이 섬기던 모압신을 버리고 여호와 하나님을 섬김으로 복을 받아 다윗의 증조모가 되고 예수님의 족보에도 오를 수 있었습니다. 이처럼 룻의 삶은 우리도 예수님을 믿음으로 하나님의 자녀가 될 수 있음을 보여 줍니다. 특히 여호와 하나님께서 유대인만의 하나님이 아니시라 온 세상 모든 민족의 하나님이심을 알 수 있습니다.

룻기는 '기업 무를 자'에 대해 상세하게 설명하고 있는데, 이는 예수님께서 우리의 기업 무를 자가 되실 것을 예표해 주는 것입니다. 소망이 없던 룻의 삶은 그녀의 기업 무를 자 보아스로 인해 기쁨의 인생으로 바뀌었습니다. 이처럼 구원받은 우리의 삶도 예수님으로 말미암아 슬픔에서 기쁨으로, 절망에서 소망으로, 죽음에서 생명으로 바뀔 것입니다.

BEST G.B.S. 에스더/ 룻기를 통해 하나님의 보호하심과 다스리심으로 역경을 이겨 내고 승리하는 구원의 역사를 경험하고, 예수님을 믿음으로 진정한 하나님의 자녀가 되어 기쁨의 인생을 살아가는 성도 되시기 바랍니다.

프리셉트성경연구원

차례

01 아하수에로 왕의 잔치

본문 에스더 1:1-12

외울 말씀 왕이 여러 날 곧 백팔십 일 동안에 그의 영화로운 나라의 부함과 위엄의 혁혁함을 나타내니라 (4절)

도입을 위한 글

나는 사람들로부터 존경받고 사랑받기를 원한다. 다른 이유는 없으며 단지 기쁨을 얻으려는 이유에서다. 그러나 그런 기쁨은 참된 기쁨이 아니다. 이는 타락한 삶이요, 위장된 허위에 불과하다. 교만한 자는 결코 순수한 존경과 사랑을 받을 수 없다. 교만함으로 얻는 존경과 사랑은 일시적인 것에 불과하다. 사탄은 우리로 하여금 하나님의 자리까지 오르게 부추기나, 그 목적은 하나님과 우리를 사랑으로 묶으려는 것이 아니라 오히려 형벌받은 죄인의 관계로 이간하려 한다. 사탄은 그렇게 우리의 교만을 부추긴다. "네가 네 마음에 이르기를 내가 하늘에 올라 하나님의 뭇 별 위에 내 자리를 높이리라 내가 북극 집회의 산 위에 앉으리라 가장 높은 구름에 올라가 지극히 높은 이와 같아지리라 하는도다"(사 14:13-14). 이토록 인간의 교만은 차갑고 어두우며, 우둔하고 심히 삐뚤어졌다.

-이주연

도입을 위한 질문

❶ 여러분은 '교만'이란 무엇이라고 생각합니까?

❷ 요즘 여러분의 생각을 지배하고 있는 주된 관심사는 무엇입니까?

본문 질문

❶ 아하수에로 왕과 당시 왕국의 상황을 간단히 정리해 보십시오(1–2절).

*아하수에로 왕: '위대한 사람'이라는 뜻이다. 다리오 1세의 뒤를 이어 바사 왕국을 통치했다.

❷ 아하수에로 왕이 베푼 첫 번째 잔치의 대상, 기간, 목적에 대해서 정리해 보십시오(3–4절).

*위엄의 혁혁함(4절): '그의 위엄의 영광'이라는 뜻으로, 여기서는 아하수에로 왕의 자만심과 허영심을 암시한다.

❸ 아하수에로 왕이 베푼 두 번째 잔치의 대상, 기간, 장소에 대해서 정리해 보십시오(5절).

*후원: 성벽과 왕궁 사이에 있는 정원이다.

❹ 왕궁 잔치는 매우 화려했습니다. 잔치에 사용된 시설이나 물건들은 어땠습니까(6–8절)?

*어주(7절): 왕이 하사하는 술이다.

❺ 왕후를 청할 때 왕의 상태는 어땠습니까? 그가 왕후를 청하여 부른 이유는 무엇입니까(10–11절)?

*주흥(10절): 술을 마신 취기로 일어나는 흥취를 말한다.

❻ 왕의 명령에 왕후는 어떻게 반응했습니까? 이런 왕후의 태도에 아하수에로 왕은 어떻게 반응했습니까(12절)?

 |

적용을 위한 글

아하수에로 왕은 서아시아 최고의 제국을 이끄는 황제였다. 그에게는 많은 재물과 영토, 군대와 신하들이 있었다. 그는 세상의 기준으로 봤을 때는 위대한 제왕이었다. 하지만 하나님의 기준으로 봤을 때는 하나님 없이 살아가는 오만한 사람이었다. 그는 교만하여 자신을 높이고 자랑했다. 또한 끝없는 욕망을 추구했다. 인도에서 구스(이디오피아)에 이르는 넓은 영토에 만족하지 못하고, 유럽 대륙의 그리스 반도까지 넘봤다. 본문에 나오는 잔치는 헬라와의 전쟁을 앞두고 베푼 연회였다. 그는 술에 취해 법을 잊어버리고, 자신의 명령에 따르지 않은 왕비를 향해 활시위를 겨눴다. 그리스도인은 마땅히 세상의 가치관을 버려야 한다. 여러분이 아직 놓지 못하는 세상의 허상이 있다면, 끊어 버리기로 결단하는 시간을 가져야 한다.

적용 및 결단을 위한 질문

❶ 아하수에로 왕은 헬라와의 전쟁을 앞두고 자신의 영광을 과시했지만, 후에 참패했습니다. 이처럼 세상의 자랑은 덧없습니다. 여러분이 아직 놓지 못하는 세상의 허상은 무엇입니까?

❷ 아하수에로 왕은 술에 취해 법을 잊어버렸습니다(잠 31:5). 여러분에게 하나님의 법을 잊어버리게 하는 방해물은 무엇입니까?

02 폐위당하는 와스디

본문 에스더 1:13-22

외울 말씀 왕후 와스디가 내시가 전하는 아하수에로 왕의 명령을 따르지 아니하니 규례대로 하면 어떻게 처치할까 (15절)

도입을 위한 글

정의는 인간 행동의 지침이며 사고의 기준이고 선행의 표준이다. 정의를 통해서만 진리를 찾을 수 있고 진정한 기쁨을 얻을 수 있다. 철학자 아리스토텔레스(Aristoteles)는 "정의는 사회의 질서"라고 말했다. 정의가 있는 곳에 질서와 평화, 발전과 번영이 있다는 뜻이다. 어떤 힘이나 권력도 정의를 앞설 수는 없다. 불의는 처음에는 화려하고 강한 것처럼 보이지만, 결국 아침 이슬처럼 사라진다. 정의는 비록 늦게 드러날지라도 진흙 속의 보석처럼 어둠 속에서도 빛을 잃지 않는다. 정의를 실현하기 위한 길은 가시밭길이지만, 정의를 이룬 뒤의 인생은 가장 안전하고 희망이 넘치는 길이다. 그러므로 정의는 실천될 때 가치가 있다. 정의는 인간으로서 마땅히 가야 할 길이며, 악의 없는 사랑으로 다른 사람을 위해 도와주고 봉사하는 길이다. 무엇이 정의로운 일인가를 생각하고 그에 따라 행동하는 것이 인간다운 삶의 원천이며 이상 사회로 가는 길이다.

-조만제, 『내일을 여는 사색』

도입을 위한 질문

❶ 세상의 정의에 대한 여러분의 관점은 긍정적입니까, 아니면 부정적입니까? 그 이유는 무엇입니까?

❷ 불의의 피해를 당한 적이 있습니까? 그때의 상황과 심정을 솔직하게 나눠 보십시오.

본문 질문

❶ 왕후에게 분노한 아하수에로 왕은 누구를 찾아 조언을 구했습니까(13절)?

*사례를 아는: '과거의 역사와 관례에 능통한'이라는 뜻이다.

❷ 아하수에로 왕이 바사와 메대의 일곱 지방관에게 던진 질문은 무엇입니까(15절)?

❸ 일곱 지방관 중 왕의 질문에 대답한 사람은 누구입니까? 그는 왕후의 행동을 어떻게 평가했습니까(16절)?

❹ 므무간은 왕후의 잘못이 어디까지 영향력을 미칠 것이라고 말했습니까(17–18절)?

*멸시할 것인즉(17절): '업신여기고 남편의 권위를 인정하지 않다'라는 뜻이다.

❺ 므무간이 아하수에로 왕에게 제안한 내용은 무엇입니까(19절)?

*변개함이 없게: '절대 용서함이 없게, 결코 바꾸지 못하게'라는 뜻이다.

❻ 므무간의 의견을 듣고 아하수에로 왕과 지방관들은 어떻게 반응했습니까(21–22절)?

적용을 위한 글

아하수에로 왕은 자신의 실수를 깨닫지 못했다. 왕으로서 왕후의 명예를 지켜 줘야 함에도 오히려 왕후를 술자리의 볼거리로 이용하려 했다. 당시에는 잔치에서 남녀가 술자리를 함께하는 것이 법으로 금지됐다. 따라서 아하수에로 왕이 왕비를 청한 것은 분명 위법이었다. 그러나 아하수에로 왕은 자신의 실수를 인정하기는커녕 분노하고, 왕후에게 보복하려 했다. 특히 보복의 도구로 법을 이용하려는 이율배반적인 태도를 보였다. 아하수에로 왕은 권력을 오직 자신의 이익을 위해서 사용하려 했다. 이는 전형적인 하나님 없는 사람의 표상이다. 그리스도인은 다른 사람의 이익을 위해 봉사하고, 헌신해야 한다. 또한 이기적인 삶을 버리고 이타적인 삶을 살아야 한다. 왜냐하면 주님께서 그렇게 하셨기 때문이다.

적용 및 결단을 위한 질문

❶ 아하수에로 왕은 자신의 잘못은 무시하고, 다른 사람의 행위만을 엄격히 판단했습니다. 여러분도 이와 같은 모습이 있지는 않은지 살펴보십시오.

❷ 아하수에로 왕은 자신의 명예만을 생각하는 이기적인 사람이었습니다. 여러분은 어떤 상황에서 자신의 이기적인 모습을 발견하게 됩니까?

03 보이지 않는 손길

본문 에스더 2:1-15

외울 말씀 모르드개의 삼촌 아비하일의 딸 곧 모르드개가 자기의 딸 같이 양육하는 에스더가 차례대로 왕에게 나아갈 때에 궁녀를 주관하는 내시 헤개가 정한 것 외에는 다른 것을 구하지 아니하였으나 모든 보는 자에게 사랑을 받더라 (15절)

도입을 위한 글

임신 첫 두 주간에 해당하는 '배아기' 동안 인간의 성장 속도는 엄청나다. 버나드 나단손(Bernard Nathanson) 박사는, 만약 인간이 임신 첫 두 주간의 속도로 계속 성장한다면 태어날 때 몸무게는 무려 12톤에 이를 것이라고 말했다. 이런 활발한 증식 과정을 통해 복잡한 신경과 화학 조직이 생겨난다. 또한 야구공을 치는 능력, 곱슬머리, 특정한 웃음소리 등이 이 시기에 우리 몸에 입력된다. 우리는 인간의 생에서 가장 장엄한 이 단계를 직접 볼 수 없다. 그러나 하나님은 이때부터 친밀하게 우리를 붙드시며, 우리에게 필요한 모든 일을 행하신다. 우리가 알든지 모르든지 간에 우리의 전 생애에 걸쳐 하나님의 손길이 함께하신다. 그리고 하나님은 우리가 그 사실을 깨닫기 원하신다.

—벤 패터슨, 『내가 매일 기쁘게』

도입을 위한 질문

❶ 최근에 하나님의 손길이 함께하신다고 느꼈던 적이 있습니까? 그것은 언제였으며, 어떤 일이 있었는지 이야기해 보십시오.

❷ 여러분의 인생을 이끄는 힘은 어디에서 나온다고 생각합니까? 그렇게 생각하는 이유는 무엇입니까?

본문 질문

❶ 왕은 노가 그치자 무엇을 생각했으며, 이를 본 왕의 측근 신하들은 어떤 제안을 했습니까(1–2절)?

❷ 새로운 왕후 후보들은 어떤 과정을 거쳐야 했습니까(3–4절)?

❸ 에스더에 대한 정보를 정리해 보십시오(5–7절).

*하닷사 곧 에스더(7절): 하닷사는 '도금양나무'라는 뜻으로 에스더의 히브리 본명이다. 에스더는 '별, 소녀'라는 뜻이다.

❹ 왕궁으로 이끌려 간 에스더는 누구의 수하에 속하게 됐습니까? 그는 에스더에게 어떤 도움을 줬습니까(8–9절)?

*조서와 명령(8절): (왕이 친히 내린) '훈령, 명령'을 의미한다.

❺ 에스더가 자기 민족과 종족을 말하지 않았던 이유는 무엇입니까(10절)?

❻ 몸을 정결하게 하는 기간과 그에 따른 규례는 무엇입니까(12절)?

❼ 에스더는 왕에게 나아갈 때 무엇을 구했습니까(13–15절)?

적용을 위한 글

하나님은 장차 다가올 위험에서 유다인을 구하기 위해 에스더를 준비시키셨다. 하나님은 보이지 않는 손길로 역사를 주관하셨다. 와스디 왕후의 폐위도 하나님의 섭리 안에 있었고, 아리따운 처녀들을 왕후 후보로 뽑으라는 왕의 명령도 그러했다. 또한 에스더가 왕후 후보로 뽑힌 것도 하나님의 손길 안에 있었다. 하나님은 에스더가 1년 동안 수산 궁에 머물 때, 그녀가 왕후로 간택되도록 준비시키셨다. 이처럼 하나님은 당신의 일을 이루시기 위해 하나님의 사람들을 준비시키시고 이끄셨다. 우리 역시 하나님의 섭리 안에 있음을 깨닫고, 모든 순간 하나님만을 신뢰하며 나아가야 한다.

적용 및 결단을 위한 질문

❶ 하나님은 보이지 않는 손길로 에스더를 준비시키시고 은총을 베푸셨습니다. 이처럼 하나님의 손길은 여러분의 인생도 이끌고 있습니다. 여러분을 둘러싼 은혜의 손길에 감사기도하는 시간을 가져 보십시오.

❷ 여러분은 에스더와 같은 순종의 마음을 간직하고 있습니까? 그 마음을 삶 속에서 실천하기 위해 어떤 노력을 하고 있습니까?

04 에스더와 모르드개

본문 에스더 2:16-23

외울 말씀 왕이 모든 여자보다 에스더를 더 사랑하므로 그가 모든 처녀보다 왕 앞에 더 은총을 얻은지라 왕이 그의 머리에 관을 씌우고 와스디를 대신하여 왕후로 삼은 후에 (17절)

도입을 위한 글

아내를 잃고 어린 아들과 함께 사는 가난한 아빠가 있었다. 어느 날 저녁, 그는 하루 품삯으로 빵을 사서 아들에게 줬다. 빵을 먹던 아들은 얼굴을 찡그렸다. "아빠, 빵에 돌이 들어 있나 봐요." 아들이 먹던 빵을 살펴본 아빠는 깜짝 놀랐다. 빵 안에 금화가 들어 있었기 때문이다. "이런, 지금쯤 빵집 영감님이 이걸 얼마나 찾고 있을까?" 그는 아들의 손을 잡고 빵집으로 달려갔다. "영감님, 조금 전에 제가 사 간 빵에서 이 금화가 나왔습니다." 돌아서는 그의 손을 잡으며 노인이 말했다. "젊은이, 나는 늙고 자식이 없다네. 지금껏 이 가게를 물려줄 정직하고 성실한 사람을 찾고 있었네. 그래서 일부러 이 금화를 빵에 넣었지. 금화를 돌려주러 온 사람은 자네가 처음이네. 이 가게는 이제 자네 것일세." —「햇볕같은 이야기」

도입을 위한 질문

❶ 현재 여러분이 삶 속에서 감당하고 있는 역할들을 소개해 보십시오.

❷ 앞에서 대답한 역할들을 살펴보고, 여러분이 그 역할들을 각 영역에서 어떻게 해내고 있는지 이야기해 보십시오.

본문 질문

❶ 에스더가 아하수에로 왕의 앞에 나아간 것은 언제입니까(16절)?

*데벳월: '물속에 잠기는 달'이라는 뜻이다. 히브리 월력으로 10월, 곧 겨울 우기(雨期)의 절정기다.

❷ 에스더를 본 아하수에로 왕의 반응은 어땠습니까(17절)?

❸ 아하수에로 왕은 새 왕후를 맞이하며 큰 잔치를 베풀었습니다. 잔치의 규모와 백성들이 얻은 유익을 정리해 보십시오(18절).

❹ 에스더가 왕궁에 뽑혀 들어갔을 때 모르드개는 어떻게 됐습니까(19절)?

*대궐 문에 앉았더라: '왕궁의 어떤 관직에 올랐다'라는 뜻이다.

❺ 어린아이였을 때나 왕비가 됐을 때나 에스더가 한결같이 순종하고 좇았던 사람은 누구입니까(20절)?

❻ 모르드개가 관직에 오른 후 우연히 알게 된 일은 무엇입니까(21절)?

❼ 모르드개의 보고는 어떻게 처리됐습니까(22-23절)?

*조사하여 실증을 얻었으므로(23절): 현대인의성경에서는 '일의 진상을 조사하여 그 보고가 사실임을 알고'라고 표현하고 있다.

적용을 위한 글

하나님께 쓰임 받는 사람은 깨끗한 그릇과도 같은 사람이다. 하나님은 그릇의 정결 여부를 판단하실 때 금은 같은 그릇의 재질을 보지 않으신다. 우리가 하나님 나라의 도구로 사용되려면 우선 깨끗해야 한다. 정결에 관한 2가지 덕목은 정직과 순종이다. 첫째로 정직해야 한다. 하나님은 하나님 앞에서나 이웃 앞에서나 동일하게 정직한 사람을 기뻐하신다. 그리고 거짓을 싫어하신다. 거짓은 마귀의 속성이기 때문이다. 둘째로 순종해야 한다. 에스더와 모르드개는 눈에 보이는 권위자를 순종함으로 섬겼다. 에스더는 왕후였지만, 한결같이 모르드개를 따랐다. 모르드개는 비록 이방인을 왕으로 섬기는 신하였지만, 신하의 도리를 다하는 성숙한 사람이었다. 하나님께 순종하듯이 눈에 보이는 권위자에게 순종하는 것 역시 중요하다.

적용 및 결단을 위한 질문

❶ 에스더와 모르드개처럼 자기를 깨끗하게 하면 하나님께서 쓰시기 합당한 귀한 그릇이 됩니다(딤후 2:21). 여러분은 하나님 앞에서 정직하고 깨끗한 사람이 되기 위한 삶을 살고 있는지 점검해 보십시오.

❷ 에스더와 모르드개는 권위자의 뜻에 순종하는 사람들이었습니다. 여러분은 각 영역에 있는 권위자에게 어떤 태도를 보이고 있습니까? 고쳐야 할 점이 있다면 무엇인지 이야기해 보십시오.

05 하만의 흉계

본문 에스더 3:1-15

외울 말씀 날마다 권하되 모르드개가 듣지 아니하고 자기는 유다인임을 알렸더니 그들이 모르드개의 일이 어찌 되나 보고자 하여 하만에게 전하였더라 (4절)

도입을 위한 글

이상재 선생이 독립운동을 하다가 대전교도소에 갇혀 있을 때였다. 일본의 한 신문기자가 선생을 면회했다. "인도의 간디는 사람이 태어났으면 100년은 살아야 한다고 했는데, 선생님은 앞으로 몇 년이나 더 살 수 있다고 생각합니까?" 좀 더 오래 살고 싶으면 일제의 뜻에 순종하고 편안하게 여생을 보내야 하지 않겠냐는 말이었다. 선생은 기자의 질문에 "왜 내가 100년만 살겠는가. 영생을 해야지"라고 대답했다. 기자가 다시 물었다. "어떻게 영생을 할 수 있습니까?" 선생이 대답했다. "예수를 믿으면 된다네. 예수님은 "살아서 나를 믿는 자는 영원히 죽지 아니하리니"(요 11:26)라고 말씀하셨네. 자네가 나를 만나러 온 것을 보니 나를 통해 예수님을 믿게 하려는 하나님의 섭리가 있는 것 같군." 기자는 아무 말도 하지 못한 채 돌아갔다. 이처럼 그리스도인은 마귀의 유혹을 단호히 물리침으로써 신앙의 절개를 지켜 영생을 얻어야 한다. —「국민일보 겨자씨」

도입을 위한 질문

❶ 여러분은 자신이 그리스도인임을 숨기고 싶었던 순간이 있었습니까? 그렇게 행동하고 싶었던 이유는 무엇입니까?

❷ 여러분이 이 시대의 참된 그리스도인이 되는 데 가장 큰 장애물은 무엇입니까? 그렇게 생각하는 이유는 무엇입니까?

본문 질문

❶ 아하수에로 왕이 총리대신으로 세운 하만은 어느 족속 출신입니까(1절)?

*아각: 사무엘상 15:8에 나오는 아말렉 족속의 왕이다. 아말렉 족속은 출애굽 백성을 대적함으로 이스라엘과 여호와의 영원한 원수가 됐다(출 17:16).

❷ 모든 신하는 왕의 명령대로 하만에게 꿇어 절했습니다. 하지만 모르드개는 꿇어 절하지 않았습니다. 모르드개가 절하지 않은 이유는 무엇입니까(2–4절)?

*아하수에로 왕은 백성들에게 자신과 하만을 신처럼 섬길 것을 요구했다. 모르드개는 여호와의 율법을 지키는 유다인으로서 십계명 1, 2계명을 준수하려고 했다.

❸ 다른 신하들과 하만은 믿음으로 행동하는 모르드개를 어떻게 생각했습니까(4-5절)?

❹ 하만과 무리들은 모르드개와 유다인을 죽이기로 계획하고 그 날을 결정하기 위해 무엇을 했습니까(6-7절)?

*부르(7절): 부서진 파편으로 뽑는 '제비'를 말하며, '운명'이라는 뜻도 있다. 이로써 중요한 일을 결정하기 위해 점성술에 의존했음을 알 수 있다.

❺ 하만은 왕에게 왕의 법률을 지키지 않는 민족이 있다고 보고하면서, 그 민족을 진멸하라는 조서를 내리라고 설득했습니다. 그때 하만이 왕에게 준 것은 무엇입니까(8-9절)?

*은 일만 달란트(9절): 약 340톤에 해당하는 은으로, 당시 페르시아 1년 세금의 3분의 2에 해당한다.

❻ 하만의 계획대로 왕의 조서가 반포되자 백성들은 혼란에 빠졌습니다. 하지만 왕과 하만은 달랐습니다. 그들은 조서 발표 후 무엇을 했습니까(12-15절)?

*마시되(15절): '잔치'를 의미한다.

적용을 위한 글

모르드개는 하나님의 선택을 받은 언약 백성의 역사를 알고 있었다. 또한 하나님의 율법도 잘 알고 있었다. 비록 자신은 나라를 잃고 포로의 신분으로 이방 나라의 황제를 섬기고 있었지만, 그의 마음속에는 하나님만이 왕이셨으며 하나님의 율법만이 법이었다. 모르드개는 항상 자신의 정체성이 분명했다. 그리스도인들도 이와 같아야 한다. 비록 세상 속에서 살아가지만, 예수님을 주로 섬기고 그분의 법대로 살아가야 하는 그리스도인임을 항상 인식해야 한다. 모르드개를 하만과 그의 왕이 공격했듯이 지금도 사탄은 여러 가지 방법으로 이 시대의 그리스도인들을 공격하고 있다. 따라서 우리는 손해를 입더라도 신앙의 절개를 지키며 좁은 십자가의 길을 걸어가야 한다.

적용 및 결단을 위한 질문

❶ 모르드개는 신앙을 지키기 어려운 환경 속에서도 하나님의 율법을 따랐습니다. 그의 모습을 보며, 여러분이 삶 속에서 결단해야 할 점은 무엇인지 이야기해 보십시오.

❷ 어느 시대나 하나님 나라를 대적하는 무리는 존재했습니다. 그렇다면, 오늘날 하나님 나라의 가장 큰 적은 무엇이라고 생각합니까? 그 적을 이겨 내기 위해서 여러분이 가장 먼저 해야 할 일은 무엇입니까?

06 에스더의 결단

| 본문 에스더 4:1-17

| 외울 말씀 당신은 가서 수산에 있는 유다인을 다 모으고 나를 위하여 금식하되 밤낮 삼 일을 먹지도 말고 마시지도 마소서 나도 나의 시녀와 더불어 이렇게 금식한 후에 규례를 어기고 왕에게 나아가리니 죽으면 죽으리이다 하니라 (16절)

도입을 위한 글

한 목사가 14년 동안이나 감옥에 갇히게 됐다. 그는 하나님께서 감옥을 자신의 선교지로 주셨다고 믿었다. 그가 기도하면서 노력을 기울인 사람은 잔인하게 사람을 죽인 살인자였다. 그 사람은 너무 악해서 간수들조차 두려워했다. 그 목사는 금식하며 기도하는 것만이 복음을 전하는 유일한 방법이라고 생각했다. 결심을 굳힌 목사는 계속된 중노동에도 금식하며 기도했다. 어느 날 밤에 그가 무릎을 꿇고 눈물을 흘리며 기도하는데, 누군가 뒤에 서 있음을 느꼈다. 목사가 돌아보자 그 살인자가 "당신 뭐 하고 있는 거야?"라고 물었다. "기도하는 중이오"라고 대답하자, 살인자는 "무엇을 위해 기도하지?"라고 되물었다. 목사가 "당신을 위해 기도하고 있었소"라고 대답했고, 곧 살인자는 자신의 마음을 주님께 드렸다. 살인자가 변화됐다는 소문은 교도소 전체로 퍼졌다. 목사는 살인자에게 어떻게 했는지 묻는 교도소장의 질문에 이렇게 대답했다. "나는 아무것도 한 것이 없습니다. 나는 그저 그를 위해 기도했을 뿐이고 그를 변화시키신 분은 하나님입니다." –바이블넷

도입을 위한 질문

❶ 여러분은 하루 중 얼마나 기도하고 있습니까?

❷ 기도 내용은 주로 무엇입니까? 자신의 욕망을 채워 달라는 내용입니까, 아니면 하나님의 나라와 의가 임하게 해 달라는 내용입니까?

본문 질문

❶ 모르드개는 하나님의 언약 백성이 전멸을 당할 위기 앞에서 가장 먼저 어떤 행동을 했습니까(1절)?

*베 옷: 장례식에서 입는 옷이다.

❷ 모르드개의 행동에 대해 다른 유다인들은 어떤 반응을 보였습니까(3절)?

❸ 에스더는 시녀와 내시를 통해 모르드개와 유다인들의 소식을 알게 됐습니다. 이때 에스더는 어떤 마음이었으며 어떤 행동을 했습니까(4절)?

❹ 모르드개는 의복을 돌려보내면서 하닥을 통해 에스더에게 어떤 정보와 부탁을 전달했습니까(7–8절)?

*모르드개의 모든 행동은 사태의 심각성을 알리기 위한 조치였다.

❺ 왕의 조서를 돌이킬 방법은 에스더가 왕에게 나아가 부탁하는 것뿐이었습니다. 하지만 그 방법은 매우 위험했습니다. 왕의 부름 없이 왕 앞에 나가면 어떻게 됩니까(11절)?

*금 규: 왕이 손에 지니는 금으로 만든 홀을 말한다.

❻ 에스더는 "죽으면 죽으리이다"라는 믿음으로 왕에게 나아가기로 결심했습니다. 이때 그녀는 모르드개와 유다인들에게 한 가지 부탁을 했습니다. 그 부탁은 무엇입니까(16절)?

적용을 위한 글

모르드개는 하나님의 언약 백성이 전멸당할 위기를 정확하게 알고 있었다. 그리고 유다인들을 구원해 주실 분은 하나님밖에 없음을 알고 있었다. 모르드개는 하나님 앞에서 목숨을 걸고 하나님 나라를 지켜 달라고 금식기도했다. 또한 지혜롭게 사람이 해야 할 일을 했으며, 에스더를 통해 왕에게 하만의 궤계를 폭로했다. 에스더는 자신에게 주어진 일에 헌신했다. 폐위되고 죽음을 당할 지도 모르는 위험을 무릅쓰고 왕에게 나아갔다. 하나님 나라를 위해 헌신한 모르드개와 에스더가 있었기에 유다인들 역시 금식하며 기도로 동참할 수 있었다. 오늘날 이 시대에도 모르드개와 에스더 같은 영적 지도자와 세상에 타협하지 않고 죽으면 죽으리라는 자세로 사명을 감당할 그리스도인들이 필요하다.

적용 및 결단을 위한 질문

❶ 모르드개는 민족의 위기 앞에서 금식기도로 반응했습니다. 여러분은 여러 가지 위기 앞에서 주로 어떻게 반응합니까?

❷ 에스더는 하나님께서 주신 자신의 지위를 하나님 나라를 위해 드렸습니다. 죽으면 죽으리라는 각오로 사명을 감당했습니다. 여러분이 이런 각오로 감당해야 할 사명은 무엇입니까?

07 왕에게 나아간 에스더

본문 에스더 5:1-8

외울 말씀 왕후 에스더가 뜰에 선 것을 본즉 매우 사랑스러우므로 손에 잡았던 금 규를 그에게 내미니 에스더가 가까이 가서 금 규 끝을 만진지라 (2절)

도입을 위한 글

스코틀랜드 어느 작은 교회에서 부흥회가 열렸다. 집회가 일주일 동안 계속됐지만 사람들은 별로 모이지 않았다. 목사는 예수님을 영접하고 헌신할 사람을 계속해서 초청했지만, 아무도 앞으로 나오지 않았다. 그런데 부흥회 마지막 날, 소년 하나가 앞으로 나왔다. 목사는 부흥회 동안 예수를 영접하고 헌신한 사람이 겨우 한 명밖에 없다는 사실에 무척 실망했다. 그러나 그 소년의 마음은 목사의 실망하는 마음과는 정반대였다. 소년의 눈에 뜨거운 불꽃이 일어났다. 그리고 이렇게 외쳤다. "오! 하나님 저의 생명을 주님께 드립니다. 저에게 아프리카를 주십시오." 이 소년이 바로 그 유명한 리빙스턴(Livingstone)이다. 한 작은 소년의 눈에 일어났던 불꽃이 흑암의 아프리카 대륙에 밝은 빛을 비추는 새벽을 열게 했다. —「햇볕같은 이야기」

도입을 위한 질문

❶ 하나님은 헌신하는 한 사람을 찾으십니다. 여러분이 그 한 사람이 되기 위해서는 어떤 삶을 살아야 합니까?

❷ 여러분의 삶의 영역은 여러분을 통해 밝아지고 있습니까? 삶의 영역별로 점검하고 나눠 보십시오(예: 가정, 직장, 교회 등).

본문 질문

❶ 유다인과 에스더는 금식했습니다. 그 후 3일째 되던 날 에스더는 어떤 행동을 했습니까(1절)?

*어전: '임금의 앞'이라는 뜻이다.

❷ 왕은 자신의 부름을 받지 않고 나아온 에스더에게 어떤 마음을 품고 어떤 행동을 했습니까(2절)?

❸ 역사의 주관자이신 하나님은 왕실 규례를 어긴 에스더를 살려 주셨을 뿐만 아니라, 왕이 에스더를 배려하도록 인도하셨습니다. 왕은 에스더에게 무엇을 질문했습니까(3절)?

❹ 에스더는 왕에게 무엇을 구했습니까(4절)?

❺ 에스더는 왕과 하만이 잔치에 바로 참석할 수 있도록 음식과 술을 미리 준비했습니다. 왕은 잔치 자리에서 다시 한번 에스더에게 무엇을 질문했습니까(6절)?

*소청: '요구, 청원, 간청'이라는 뜻이다.
*나라의 절반이라: 실제로 왕국을 떼어 주겠다는 뜻이 아니라, 모든 소원을 다 들어주겠다는 표현이다.

❻ 에스더는 왕의 질문에 어떻게 대답했습니까(7-8절)?

적용을 위한 글

에스더는 죽으면 죽으리라는 각오를 즉각적인 행동으로 옮겼다. 그리고 유다인들에게 금식기도를 부탁하고 자신도 금식하며 기도했다. 에스더는 어떤 방법으로 왕에게 나아갈 것인지에 대한 지혜를 구했을 것이다. 금식 3일째 되던 날, 에스더는 믿음과 확신을 갖고 하나님께서 알려 주신 대로 차분하게 행동하기 시작했다. 하나님은 에스더가 예복을 입고 왕에게 나아갔을 때 왕의 마음을 움직이셨다. 그래서 왕의 눈에 에스더가 사랑스러워 보이고, 왕이 그녀의 소원을 물어보도록 하셨다. 이처럼 기도는 하나님의 지혜를 주고 지혜는 심령에 안정감을 준다. 에스더의 헌신, 기도, 행동, 침착함은 우리가 본받아야 할 귀한 덕목들이다.

적용 및 결단을 위한 질문

❶ 그리스도인은 에스더와 같이 나라와 민족을 위해 기도하는 자여야 합니다. 여러분은 최근 나라와 민족을 위해 어떤 기도를 했습니까?

❷ 여러분은 다급한 상황일 때 어떻게 행동합니까? 하나님의 방법대로 왕 앞에 나아간 에스더와 비교하며, 어떻게 반응하는 것이 옳은지 나눠 보십시오.

08 교만과 자랑의 사람 하만

본문 에스더 5:9-14

외울 말씀 또 하만이 이르되 왕후 에스더가 그 베푼 잔치에 왕과 함께 오기를 허락 받은 자는 나밖에 없었고 내일도 왕과 함께 청함을 받았느니라 (12절)

도입을 위한 글

40년 만에 초등학교 동창회가 열렸다. 한 친구는 돈을 많이 번 것을 자랑했다. 한 친구는 자식을 자랑했다. 한 친구는 손자를 자랑했다. 한 친구는 골프 실력을 자랑했다. 한 친구는 값비싼 자동차를 자랑했다. 한 친구는 집을 자랑했다. 한 친구는 여행한 것을 자랑했다. 친구들의 이야기를 재미있게 듣던 한 친구는 아무리 찾아봐도 자랑할 만한 것이 없었다. 그래서 빙그레 웃으면서 어눌한 말투로 말했다. "나는 내가 나인 것이 너무 좋아. 나이가 들수록 더 그렇더라. 어떤 날은 내가 좋아 웃고, 어떤 날은 산책이나 기도 중에 내가 자랑스러워서 눈물짓곤 해." 이 친구가 이야기를 끝내자 시끄럽던 동창회는 잠시 고요한 침묵이 흘렀다.

-「주의뜰」

도입을 위한 질문

❶ 여러분은 사람들 앞에서 주로 무엇을 자랑합니까?

❷ 앞에서 말한 여러분의 자랑은 하나님의 일에 동참하는 데 도움이 되고 있습니까, 아니면 방해가 되고 있습니까? 그렇게 생각하는 이유는 무엇입니까?

본문 질문

❶ 하만은 에스더가 베푼 첫 번째 잔치를 마치고 나오면서 마음이 기뻤습니다. 그 이유는 무엇입니까(에 5:8)?

❷ 하만의 기쁨은 대궐 문을 통과하는 순간 분노로 바뀌었습니다. 하만을 분노하게 만든 것은 무엇입니까(9절)?

❸ 집에 돌아온 하만은 친구들과 아내를 불러 무엇을 자랑했습니까(11절)?

❹ 하만이 사람들에게 특별하게 자랑한 것은 무엇입니까(12절)?

❺ 하만은 수많은 자랑을 했지만 마음 한구석으로는 심기가 불편했습니다. 하만의 심기를 불편하게 만든 것은 무엇입니까(13절)?

❻ 하만의 말을 들은 친구들과 아내는 하만에게 한 가지 제안을 했습니다. 그 제안은 무엇입니까(14절)?

*규빗: 44–45cm 정도로, 50규빗은 23m 정도 되는 높이다.

적용을 위한 글

하만은 세상에 속한 사람의 전형적인 모델이다. 그는 왕과 왕후의 잔치에 초대를 받았다는 사실을 매우 기뻐했다. 높은 자리를 기뻐했고, 자신의 소유를 기뻐했으며, 많은 자녀와 재물을 자랑했다. 하지만 하만이 기뻐하고 자랑했던 것은 모두 허상일 뿐이다. 세상에 속한 사람은 자신보다 약한 사람이 굴복하지 않는 것에 분노한다. 하만은 자신에게 굴복하지 않은 모르드개의 모습에 분노했다. 그러나 하늘에 속한 사람의 삶의 방식은 다르다. 하늘에 속한 사람은 허상을 붙잡으려 하지 않는다. 허상을 소유했다고 기뻐하지도 않고, 소유하지 못했다고 슬퍼하지도 않는다. 하늘에 속한 자는 예수님을 소유한 것만으로 기뻐한다. 예수님을 통해서 받게 될 하늘의 유산을 바라보며 기뻐한다. 다른 사람을 지배하려고 하지 않는다. 오히려 다른 사람을 섬김의 대상, 사랑의 대상으로 생각한다.

적용 및 결단을 위한 질문

❶ 그리스도인인 여러분이 세상 속에서 진정으로 자랑해야 할 것은 무엇입니까? 그렇게 생각하는 이유는 무엇입니까?

❷ 하늘에 속한 사람의 삶을 살기 위해서 여러분이 고쳐 나가야 하는 것은 무엇입니까?

09 높아진 모르드개

본문 에스더 6:1-14

외울 말씀 하만이 왕복과 말을 가져다가 모르드개에게 옷을 입히고 말을 태워 성 중 거리로 다니며 그 앞에서 반포하되 왕이 존귀하게 하시기를 원하시는 사람에게는 이같이 할 것이라 하니라 (11절)

도입을 위한 글

1949년 중국이 공산화될 당시, 기독교 인구는 430만 명에 지나지 않았다. 그런데 오늘날 중국의 기독교 인구는 1억 명이 넘는다. '백 투 예루살렘 운동'(이슬람권을 넘어 예루살렘까지 복음을 전해야 한다는 운동)을 위해 순교를 각오하고 자원하는 사람만도 10만 명이 넘는다. 어떤 선교학자는 앞으로 중국이 최대 기독교 국가가 될 것이라고 말한다. 그야말로 '역전의 은총'이다. 성경에 나오는 많은 이야기는 역전의 이야기다. 노예로 끌려갔던 요셉, 목동이었던 다윗, 기생의 아들이었던 사사 입다, 포로로 끌려갔던 다니엘, 거지 나사로, 예수님의 제자들까지 모두 역전의 주인공이다. 지금 주님 때문에 핍박을 받고, 손해를 보더라도 낙망하고 좌절하지 말자. 하나님의 징계 가운데 있더라도 포기하지 말자. 아직 여러분의 인생은 끝나지 않았다. '역전의 하나님의 은혜'가 여러분을 기다리고 있다. -김은호

도입을 위한 질문

❶ 여러분은 인생에서 '역전의 하나님의 은혜'를 경험한 적이 있습니까? 그 경험을 이야기해 보십시오.

❷ 그리스도인이 받을 최후의 보상은 어디로부터 오며 어떻게 이뤄집니까?

본문 질문

❶ "그 날 밤", 즉 에스더가 베푼 첫 잔치가 끝난 그 밤에 왕의 침실에서는 어떤 일이 일어났습니까(1절)?

*잠이 오지 아니하므로: '왕의 잠이 흔들렸다, 도망갔다'라는 뜻이다.

❷ 하나님은 왕의 신하로 하여금 역대 일기의 어느 부분을 읽도록 인도하셨습니까(2절)?

*왕이 직접 이 일을 궁중 일기에 기록하도록(에 2:23) 했었지만, "그 날 밤" 이전까지 까맣게 잊고 있었다.

❸ 하만은 동틀 무렵부터 왕궁 바깥뜰에서 대기하고 있었습니다. 그는 무슨 일 때문에 왕을 만나려 했습니까(4절)?

❹ "왕이 존귀하게 하기를 원하는 사람에게 어떻게 하여야 하겠느냐"(6절)는 왕의 질문을 받은 하만은 마음속으로 어떤 생각을 했습니까? 그리고 어떤 대답을 했습니까(6–9절)?

❺ 모르드개를 굴복시키려던 하만의 악한 계획은 어떻게 역전됐습니까(10–12절)?

❻ 하만은 번뇌하며 집으로 돌아갔습니다. 그때 아내와 친구들에게서 불길한 예언의 말을 들었습니다. 그 예언은 무엇입니까(13절)?

적용을 위한 글

하나님의 자녀들의 삶에서 일어나는 모든 일은 하나님의 섭리다. 우리 인생을 하나님께 의탁한 이후의 삶은 모든 것이 합력하여 선을 이루는 과정이다. 우리의 짧은 생각과 한정된 시각으로 보면 이해가 되지 않는다. 하지만 우리의 주인이신 하나님께서 보이지 않는 손길로 섬세하게 이끄시는 것만은 분명한 사실이다. 믿음이란 이 사실을 믿고 받아들이는 것이다. 우리의 삶에는 언제든지 고난이 찾아올 수 있다. 푸른 초장만 있는 것이 아니라 사망의 음침한 골짜기를 지날 때도 있다. 하지만 결국 역전의 하나님께서 당신을 경외하는 모르드개를 승리하게 하셨던 것처럼, 우리의 삶도 역전시켜 주실 것이다. 역전의 역사는 이 땅이 아니라 하늘에서 경험하는 것이다. 이 땅에서의 보상을 바라지 말고 하늘에서의 보상을 바라보며 오늘의 고난을 잘 이겨 내자.

적용 및 결단을 위한 질문

❶ 하나님의 보이지 않는 손은 여러분의 삶을 섬세하게 인도하십니다. 이 같은 하나님의 은혜를 떠올리며 감사기도하는 시간을 가져 보십시오.

❷ 모르드개는 신실한 삶을 살았고, 결국 역전의 하나님은 그의 삶을 높여 주셨습니다. 이를 통해, 여러분이 배운 교훈은 무엇입니까?

10 나무에 달린 하만

본문 에스더 7:1-10

외울 말씀 모르드개를 매달려고 한 나무에 하만을 다니 왕의 노가 그치니라 (10절)

도입을 위한 글

예수님은 이 땅에 오셔서 오직 선한 일을 하셨고, 우리를 향한 하나님의 사랑을 가르쳐 주셨다. 하지만 가장 가깝다고 하는 친구 중 하나는 예수님을 배반했다. 유대 땅에서 종교적이자 법적으로 최고의 권위를 지닌 산헤드린은 공정한 재판을 하기는커녕 비밀리에 예수님을 체포해서 불법적인 소송을 감행했다. 그들은 예수님께 해가 되는 증거를 조작하기까지 했다. 예수님에 대한 재판과 선고에서 공평한 면은 전혀 없었다. 그러나 예수님께서 당하신 모든 일을 직접 목격한 베드로는 "이를 위하여 너희가 부르심을 받았으니 그리스도도 너희를 위하여 고난을 받으사 너희에게 본을 끼쳐 그 자취를 따라오게 하려 하셨느니라"(벧전 2:21)고 격려하고 있다. 분명 선한 일을 하고 해를 입는 상황이 공평한 것은 아니다. 그러나 이는 훗날 하늘에서의 복으로 바뀔 것이다. 모든 것을 주관하시며 알고 계시는 분이 우리를 바라보고 계신다. 그분은 정확하게 모든 것을 기록하시며 공평하게 보상해 주실 것이다.

–로드니 L. 쿠퍼, 『Main Idea로 푸는 마가복음』

도입을 위한 질문

❶ 찬송가 420장(구 212장) 3절에 "일 다급하여도 당황치 말고"라는 가사가 있습니다. 최근에 다급했던 일이 있었습니까? 그때 여러분의 반응은 어땠습니까?

❷ 심은 대로 거두는 법칙처럼, 악한 계획을 세웠다가 그 계획에 스스로 걸려 넘어진 경우를 본 적이 있습니까? 그 상황을 보며 여러분은 어떤 생각을 했습니까?

본문 질문

❶ 아하수에로 왕이 사랑하는 왕후 에스더에게 다시 했던 질문은 무엇입니까(2절)?

*이미 왕은 다른 장소에서 2번이나 이 질문을 했다(에 5:3, 6).

❷ 에스더가 왕에게 요구한 2가지는 무엇입니까(3절)?

❸ 계속해서 에스더는 자신과 민족의 처지를 말하면서 왕이 이전에 반포했던 조서 중에 일부분을 인용하는 지혜를 발휘했습니다. 그 조서 가운데 에스더가 인용한 내용은 무엇입니까(4절, 에 3:13)?

❹ 결국 하만의 악한 계획이 왕에게 알려졌습니다. 분노한 왕이 잔치 자리를 떠나자 하만은 에스더에게 어떤 행동을 했습니까(5-7절)?

❺ 잔치 자리로 돌아온 왕은 에스더가 앉은 걸상 위에 엎드린 하만의 모습을 보고 오해를 했습니다. 그 오해는 무자비한 심판으로 이어졌습니다. 하만은 그 자리에서 어떻게 됐습니까(8절)?

*무리: 왕의 호위병을 가리킨다.
*얼굴을 싸더라: 고대 사형 집행의 예비 단계다.

❻ 악한 하만은 결국 비참한 최후를 맞이했습니다. 하만이 달린 사형 틀은 누가 만든 것이며 어디에 있었습니까(9-10절)?

적용을 위한 글

에스더는 지혜로운 여인이었다. 그녀는 금식기도를 통해 하나님께서 주신 지혜를 굳게 붙잡고 실천했다. 자신의 소원을 왕의 입을 통해 3번이나 물어보도록 유도한 점, 민족을 말하기 이전에 자신을 먼저 살려 달라고 한 점, 이전에 발표했던 왕의 조서 내용을 인용해서 말한 점 등으로 에스더가 신중하고 지혜로웠음을 알 수 있다. 이처럼 에스더는 하나님을 의지하고 지혜롭게 인내하며 행동함으로써 승리했다. 반면 하만은 조급하고 경박했다. 그의 태도는 욕망에서 나온 열매였다. 내면의 욕망에 이끌려 행동하는 자는 언제나 악이라는 열매를 맺을 수밖에 없다. 결국 하만은 자신이 파 놓은 악의 구렁텅이에 빠졌다. 이로써 선을 심으면 선의 열매를 맺고, 악을 심으면 악의 열매를 맺는 하나님의 법칙을 알 수 있다.

적용 및 결단을 위한 질문

❶ 자신의 소원을 왕에게 아뢰는 에스더의 말에는 지혜가 흘러넘쳤습니다. 그 지혜로운 말의 비결은 무엇이라고 생각합니까?

❷ 하만은 마침내 하나님의 보이지 않는 손에 심판을 받았습니다. 하나님은 악을 공정하게 심판하시는 분입니다. 여러분은 삶 속에서 이 같은 하나님을 어떤 방식으로 고백하고 있습니까?

11 새로운 조서

본문 에스더 8:1-17

외울 말씀 이 조서 초본을 각 지방에 전하고 각 민족에게 반포하고 유다인들에게 준비하였다가 그 날에 대적에게 원수를 갚게 한지라 (13절)

도입을 위한 글

대부분의 그리스도인은 사탄과의 영적 싸움에서 완벽하게 승리해야만 거룩한 신앙인의 삶을 사는 것으로 생각한다. 물론 이 싸움에서 영적인 승리를 거두는 사람도 있다. 하지만 대부분의 승전고는 천천히 울려 퍼진다. 때로는 일이 너무 더디게 진행돼서 진전이 없는 것처럼 보일 때도 있다. 바로 이 때문에 그리스도인들은 서로를 격려할 필요가 있다. 산다는 것은 영원한 전쟁이기 때문에, 이 영적 싸움은 평생 우리 곁을 떠나지 않는다. 우리 삶에서 환란과 시험을 피할 길이 없지만, 하나님은 어떤 역경의 순간을 지날 때도 우리와 함께하실 것을 약속해 주셨다. 그러므로 우리는 이 싸움을 중도에서 포기하거나 중단할 수 없다. 오직 승리를 향해 나아갈 뿐이다. –강안삼

도입을 위한 질문

❶ 사탄, 세상, 타락한 본성 중 여러분에게 가장 강력한 영적 대적은 무엇입니까? 여러분은 그것을 이겨 내기 위해 어떤 노력을 하고 있습니까?

❷ 혹시 진전이 없는 것처럼 보이는 영적 싸움을 하고 있지는 않습니까? 서로 나누고 격려해 주십시오.

본문 질문

❶ 아하수에로 왕은 하만의 집과 반지를 누구에게 맡겼습니까(1-2절)?

*반지(2절): 왕의 손가락에 있던 인장 반지였다. 이는 총리대신의 지위를 뜻했다.

❷ 하만은 죽었지만 반드시 해결해야 할 문제가 있었습니다. 왕후 에스더는 다시 왕에게 나아가 무엇을 철회해 달라고 요구했습니까(3-5절)?

*철회(5절): '이미 제출했던 것이나 주장했던 것을 다시 회수하거나 번복함'이라는 뜻이다.

❸ 총리가 된 모르드개는 새로운 조서를 반포했습니다. 새로운 조서가 전달되는 과정을 정리해 보십시오(9–10절).

❹ 새로운 조서의 주된 내용은 유다인들의 원수를 갚게 하는 것이었습니다. 원수 갚는 것을 언제 어떻게 하라고 했습니까(11–13절)?

*원래 이날은 하만이 유다인들을 전멸시키려 했던 날이다(에 3:12–14).

❺ 끝까지 하늘 왕 하나님께 충성하고 땅의 왕 아하수에로에게 충성했던 모르드개는 어떤 대우를 받았습니까(15절)?

*조복: 관원이 조정에 나아가 하례할 때 입던 예복이다.

❻ 왕의 어명이 각 지방, 각 읍에 이르렀습니다. 그때 유다인들과 본토 백성의 반응은 어땠습니까(17절)?

 |

적용을 위한 글

에스더는 하만의 죽음으로 만족하지 않았다. 또한 하만의 엄청난 재산이 자신의 소유가 된 것을 기뻐하지 않았다. 모르드개는 하만 대신 총리직에 오른 것에 환호하지 않았다. 만약 에스더와 모르드개의 인생 목적이 부와 명예와 적군의 목숨에 있었다면 더는 행동하지 않았을 것이다. 하지만 에스더와 모르드개의 인생 목적은 다른 데 있었다. 하나님의 뜻에 순종하고 복종하는 것이 그들의 인생 목적이었다. 이에 에스더는 왕에게 나아가 위험을 무릅쓰고 옛 조서를 철회시키고 새로운 조서를 반포해 달라고 요구했다. 하나님은 이들의 힘씀을 통해 역사하셔서 새로운 조서를 반포하고 언약 백성을 이어가게 하셨다. 이 땅에 하나님을 경외하는 자를 남기셔서 장차 오실 그리스도가 태어날 족속을 이어가게 하셨다. 결국 새로운 조서는 구원의 조서가 됐다.

적용 및 결단을 위한 질문

❶ 에스더는 언약 백성의 구원을 위해 끝까지 싸웠습니다. 여러분은 영혼 구원을 위해 여러분의 자리에서 얼마나 노력하고 있습니까?

❷ 모르드개의 새로운 조서는 언약 백성을 구원했습니다. 어쩌면 모든 인류는 죄를 범함으로 멸망할 수밖에 없습니다. 이런 인류를 구원한 '구원의 조서'는 무엇입니까?

12 대적들의 진멸

본문 에스더 9:1-19

외울 말씀 왕의 각 지방에 있는 다른 유다인들이 모여 스스로 생명을 보호하여 대적들에게서 벗어나며 자기들을 미워하는 자 칠만 오천 명을 도륙하되 그들의 재산에는 손을 대지 아니하였더라 (16절)

도입을 위한 글

구약에서 얻은 단순성의 통찰은 철저한 순종이다. 아브라함이 이삭을 바치라는 명령을 받았을 때보다 그 점이 극명하게 드러난 곳은 없다. 하나님은 말씀하셨고 아브라함은 순종했다. 그는 대책을 세우거나 조건이나 구실을 달지도 않았다. 이 '거룩한 순종'이야말로 단순한 삶이 흐르는 도관(導管)이다. 철저한 순종은 우리의 궁극적인 충성을 하나님께 둘 때만 가능하다. 십계명은 우상 숭배에 대한 짤막한 경고로 시작된다. 하나님보다 더 높은 충성의 대상 모두가 우상 숭배이기 때문에, 십계명은 "안 된다"라고 외친다. 오늘 우리는 하나님만이 우리의 예배와 순종을 받으시기에 합당하다는 진리를 기억해야 한다. 오늘날은 부(富)의 우상 숭배가 판을 친다. 안식일에 쉬라고 명한 제4계명을 정면으로 위반하는 시대다. 좀 더 일하면 앞서 나갈 수 있는 상황에서 쉰다는 것이 쉬운 일은 아니겠지만, 이 짐을 내려놓는 자유보다 더 긴요한 것은 없다.

—리처드 포스터, 『심플라이프』

도입을 위한 질문

❶ 성경은 우리를 그리스도의 군사로 묘사합니다. 군사가 취해야 할 행동 중에 가장 중요한 것은 무엇입니까?

❷ 지금 여러분 옆에 있는 사람과 함께 적을 무찔러야 할 상황이라고 생각해 보십시오. 이때 가장 중요한 것은 무엇입니까?

본문 질문

❶ 아달월 곧 12월 13일, 왕의 명령을 시행하는 날이 됐습니다. 유다인들은 대적을 멸하기 위해 어떤 행동을 했습니까(1–2절)?

*모여(2절): 매우 조직적인 움직임을 뜻한다.

❷ 유다인들과 모르드개를 바라보는 바사 제국 내의 다른 민족과 지도자들은 어떤 마음을 갖게 됐습니까(2–3절)?

❸ 7–9절에는 유다인들이 멸한 사람 중 10명의 이름이 나옵니다. 그들은 누구입니까(10절)?

*문맥상 이들은 그 아버지와 함께 유다인들을 도륙하려 시도했음에 틀림없다.

❹ 유다인들은 아말렉 후손들을 진멸하되 그들의 재산에는 손을 대지 않았습니다. 그 이유는 무엇입니까(10절; 삼상 15:9, 19)?

*적의 재산을 약탈하지 말라는 것은 하나님께서 명하신 거룩한 전쟁의 원칙 중 하나였다.

❺ 아하수에로 왕은 유다인들이 많은 대적을 죽인 후 다시 에스더에게 소청이 없는지 물었습니다. 그때 에스더가 왕에게 한 요구는 무엇입니까(11–13절)?

❻ 수산에 사는 유다인은 아달월 15일에, 시골에 사는 유다인은 아달월 14일에 각각 무엇을 했습니까(15–19절)?

적용을 위한 글

유다인들은 매우 조직적으로 서로에게 협력했다. 공동의 목표를 위해 하나님께서 이끄시는 거룩한 전쟁에 자신을 헌신했다. 바사 제국 내의 모든 사람이 하나 된 유다인들을 두려워하기 시작했다. 유다 공동체의 힘에 눌려 유다인들에게 협조하기 시작했고, 심지어 유다 공동체의 일원이 되기 위해 개종을 하기도 했다. 이처럼 신앙 공동체가 하나 될 때 세상은 두려워한다. 반대로 신앙 공동체가 분열할 때 세상은 비웃고 우리의 적인 사탄은 기뻐한다. 본문이 주는 또 하나의 교훈은 온전한 순종이다. 유다인들은 그들의 조상 사울 왕의 실패를 반복하지 않았다. 포로 생활이라는 고난이 그들을 성숙하게 했을지도 모른다. 온전한 순종으로 대적을 무찌른 그들에게 참된 안식이 주어졌다. 이처럼 안식은 수고 뒤에 온다.

적용 및 결단을 위한 질문

❶ 유다인들은 대적을 멸하기 위해 조직적으로 하나가 됐습니다. 여러분은 영적 전쟁에서 승리하기 위해 신앙의 동료들과 무엇을 협력하고 있습니까?

❷ 유다인들은 사울 왕이 실패했던 과거의 역사를 기억하며, 적들을 진멸하되 그들의 재산은 빼앗지 않는 온전한 순종을 했습니다. 여러분은 하나님께 온전한 순종을 하기 위해 어떤 노력을 하고 있습니까?

13 부림일

본문 에스더 9:20-10:3

외울 말씀 각 지방, 각 읍, 각 집에서 대대로 이 두 날을 기념하여 지키되 이 부림일을 유다인 중에서 폐하지 않게 하고 그들의 후손들이 계속해서 기념하게 하였더라 (28절)

도입을 위한 글

모스크바를 방문했을 때 페테르부르크(약칭)에 방문한 적이 있다. 구소련 시절에 레닌그라드라고 불렸던 도시인데, 우리는 페테르부르크보다 레닌그라드에 익숙하다. 어쨌든 그곳에 들러 세계적으로 유명한 미술관을 찾았다. 안내인에게 그림을 전부 감상할 시간이 없으니 사람들이 가장 훌륭하다고 평가하는 그림을 골라서 보여 달라고 부탁했다. 안내인이 보여 준 그림은 바로 다윗과 요나단이 서로 부둥켜안고 있는 모습을 그린 작품이었다. 다윗과 요나단은 세상에서 누구보다 가까운, 둘도 없는 친구다. 그 그림을 가장 감명 깊게 감상한다는 점에서 참된 우정과 사랑에 대한 사람들의 갈급함을 엿볼 수 있었다. 하나의 모임은 어떤 의무나 책임과 같은 외부 요소로 이뤄지는 것이 아니라, 내면 깊은 곳에서 솟아오르는 사랑으로 인한 것이다. 우리는 그런 사랑으로 주위를 채워야 한다. 그리고 주님의 사랑으로 하나 되어 부족함과 연약함을 나누는 공동체가 돼야 한다. —곽성은, 『곽선희 목사의 동행』

 |

도입을 위한 질문

❶ 여러분 인생에 있어서 가장 잊을 수 없는 날은 언제입니까? 그 이유는 무엇입니까?

❷ 여러분이 매년 지키고 있는 기념일을 이야기해 보십시오. 그리고 왜 그때를 기념하는지 함께 나눠 보십시오.

본문 질문

❶ 모르드개는 모든 유다인들에게 글을 보내 해마다 아달월 14일과 15일을 지키라고 했습니다. 모르드개가 이 두 날을 기념하라고 한 이유는 무엇입니까(20-22절)?

*원근을 막론하고(20절): 가까이 있는 사람과 멀리 있는 사람 모두를 의미한다.

❷ 모르드개는 유다인들에게 이 두 날을 지키며 3가지 행동을 하라고 했습니다. 그것들은 무엇입니까(22절)?

❸ 유다인들은 이 두 날의 이름을 무엇이라고 불렀습니까(26절)?

*부르: 히브리어로는 '푸르' 즉, '제비'라는 뜻이다. 하만이 유다인 학살일을 제비 뽑을 때 나온 단어다(에 3:7).

❹ 유다인들은 자기들과 자손과 자기들과 화합한 자들이 두 날을 기념할 것을 결심했습니다. 유다인들의 의지를 엿볼 수 있는 표현들을 정리해 보십시오(27-28절).

*자기들과 화합한 자(27절): 유다교로 개종하고 할례를 받은 자를 의미한다.

❺ 유다인들은 부림절을 지킬 뿐만 아니라 부림에 대한 일을 어떻게 했습니까(32절)?

*책: 페르시아의 역대일지로 보는 견해가 많다.

❻ 제국의 총리가 된 모르드개가 존경과 사랑을 받았던 비결은 어디에 있습니까(10:3)?

적용을 위한 글

모르드개는 부림절을 제정하고 지키라고 했다. 예물과 재산을 나눠 줌으로써 공동체를 강화하려는 목적이 있었다. 강력한 공동체였던 초대 교회도 재산과 음식을 함께 나눴다. 나눔은 공동체를 강하게 만든다. 공동체에 있어서 나눔은 선택이 아닌 필수다. 세포가 서로에게 필요한 물질과 정보를 공유하는 것처럼, 교회 공동체 구성원들은 서로 나눠 주는 실천이 필요하다. 모르드개가 부림절을 제정한 또 하나의 목적은 신앙 전수 때문이었다. 부림절을 통해 민족에게 부어 주신 구원을 기념하여 하나님의 구원을 믿는 언약 백성의 신앙을 대대로 전수하려는 목적이 있었다.

적용 및 결단을 위한 질문

❶ 유다인들은 부림절을 지키면서 이웃과 함께 많은 것을 나눴습니다. 나눔은 공동체를 강하게 만듭니다. 여러분의 공동체에서 나눔을 구체적으로 실천할 수 있는 방법은 무엇인지 이야기해 보십시오.

❷ 유다인들은 신앙 교육을 소중하게 생각했습니다. 여러분은 다음 세대의 신앙 교육을 위해 무엇을 하고 있습니까?

14 엘리멜렉과 두 아들

본문 룻기 1:1–6

외울 말씀 그 여인이 모압 지방에서 여호와께서 자기 백성을 돌보시사 그들에게 양식을 주셨다 함을 듣고 이에 두 며느리와 함께 일어나 모압 지방에서 돌아오려 하여 (6절)

도입을 위한 글

두 친구가 도박장으로 가는 길에 교회 앞을 지나게 됐다. 교회 게시판에는 「죄의 값은 사망」이라는 설교 제목이 붙어 있었다. 그중 한 사람이 그 말씀에 찔림을 받고, 교회로 가자고 친구에게 권했다. 하지만 친구는 완강히 거절하며 도박장으로 갔다. 그로부터 30년의 세월이 흐른 어느 날, 감옥에서 죄수가 엉엉 울고 있었다. 그의 손에는 대통령 취임을 축하하는 기사가 실린 신문이 들려 있었다. "그날 나는 너를 따라갔어야 했는데…." 죄수는 대통령이 된 30년 전 친구의 얼굴을 들여다보며 눈물을 쏟았다. 이것은 미국의 제22, 24대 대통령을 지낸 스티븐 그로버 클리블랜드(Stephen Grover Cleveland)의 실제 이야기다. 우리의 인생은 수많은 선택으로 결정된다. 믿음의 길 위에서 여러분은 어떤 선택을 하고 있는가?

–강흥복

도입을 위한 질문

❶ 여러분이 믿음의 길 위에서 선택의 기준으로 삼는 것은 무엇입니까(예: 도덕적 규범, 양심, 성경, 관습 등)?

❷ 여러분 인생 최고의 선택은 무엇입니까? 그렇게 생각하는 이유는 무엇입니까?

본문 질문

❶ "한 사람"이 조상 대대로 살았던 땅을 버리고 이방 땅으로 이주했습니다. 그 이유는 무엇입니까(1절)?

*그 땅: 약속의 땅인 가나안 전체를 가리킨다. 당시 기근은 백성들의 죄에 대한 하나님의 심판으로 여겨졌다.

❷ 당시 모압 지방에 거류한 그 사람의 이름은 무엇입니까? 그 사람의 가족 사항에 대해서도 정리해 보십시오(1-2절).

*엘리멜렉(2절): '하나님은 왕이시다'라는 뜻이다.
*나오미(2절): '희락, 즐거움, 행복'이라는 뜻이다.

❸ 나오미가 모압 땅에서 경험한 첫 번째 불행은 무엇입니까(3절)?

❹ 이방 땅에서 성장한 나오미의 두 아들은 자신의 배우자로 각각 누구를 선택했습니까(4절)?

❺ 모압 땅에 거류한 지 10년쯤에 나오미는 연속적인 불행을 경험했습니다. 그것은 무엇입니까(4-5절)?

❻ 나오미는 절망을 딛고 모압에서 유다로 돌아가려 했습니다. 그 이유는 무엇입니까(6절)?

적용을 위한 글

엘리멜렉이 이방 땅을 선택한 것은 잘못된 선택이었다. 그는 하나님을 왕으로 섬기며 왕의 뜻대로 약속의 땅에 머물러야 했다. 하지만 그는 눈앞에 닥

친 어려움 때문에 이방 땅의 풍요를 선택했다. 어떤 상황에서도 우리는 눈앞의 어려움에 굴복하면 안 된다. 두 아들 역시 '하나님의 백성'이라는 자신들의 정체성을 알고 이방 여인들과 혼인하지 말았어야 했다. 특히 모압은 여호와의 총회에 들어오지 못하도록 율법에 명시된 족속이었다. 두 아들은 눈앞의 즐거움을 따라갔다. 반면에 모든 것을 잃어버렸지만 뒤늦게 약속의 땅으로 귀환한 나오미의 선택은 올바른 선택이었다. 이후 하나님은 말씀에 근거한 그녀의 선택을 축복하셨다. 인생은 선택의 연속이다. 우리가 하나님의 말씀에 근거한 선택을 할 때 하나님은 우리 삶을 기뻐하시고 축복하실 것이다.

적용 및 결단을 위한 질문

❶ 절망적인 상황에 부닥쳤을 때, 여러분은 어떻게 반응합니까? 엘리멜렉의 반응과 여러분의 반응을 비교해 보십시오.

❷ 이방 땅과 여인을 선택한 엘리멜렉과 그의 두 아들, 그리고 약속의 땅으로 귀환할 것을 선택한 나오미의 모습에서 우리는 선택의 중요성을 깨닫게 됩니다. 앞으로 여러분은 어떤 기준으로 선택하는 삶을 살겠습니까?

15 룻과 나오미

본문 룻기 1:7-14

외울 말씀 나오미에게 이르되 아니니이다 우리는 어머니와 함께 어머니의 백성에게로 돌아가겠나이다 하는지라 (10절)

도입을 위한 글

미국 미식축구의 영웅인 한국계 혼혈아 하인스 워드(Hines Ward)의 성공은 어머니의 눈물에서 시작됐다. 피부색이 다르고, 경제력도 없는 엄마는 어린 워드에게 늘 감추고 싶은 존재였다. 그러나 어머니는 빗나가는 아들을 질책하기보다는 기도와 눈물을 선택했다. 어느 날 워드는 어머니 차로 등교하면서 평소처럼 친구들의 눈에 띄지 않도록 몸을 숨겼다. 학교 앞에서 급히 차문을 열고 내리던 그는 우연히 어머니의 눈물을 보게 됐다. 그날 이후로 그는 '바보로' 보던 어머니를 '바로' 보게 됐다. 호텔 청소, 홀 서빙 등으로 바쁘게 일하면서 늘 자신을 위해 애쓰는 어머니의 헌신적인 사랑을 깨닫게 된 것이다. 어머니의 사랑과 눈물은 그에게 희망과 웃음을 주었다. "저는 힘들어도 웃으며 살기로 어머니와 약속했습니다."

-김병삼, 『하나님을 눈물나게 하는 이야기』

도입을 위한 질문

❶ 기도와 눈물은 다른 사람의 삶을 변화시킵니다. 여러분 주변에 눈물의 기도와 보살핌이 필요한 사람은 누구입니까?

❷ 연속적으로 닥치는 절망을 경험한 적이 있습니까? 그때 여러분은 절망을 딛고 일어서기 위해 무엇을 바라봤습니까?

본문 질문

❶ 나오미는 연속적으로 닥치는 절망을 딛고 일어서기 위해 어떤 결단을 내렸습니까(7절)?

❷ 유다 땅으로 돌아가던 중 나오미는 두 며느리에게 모압으로 돌아가 재혼할 것을 권유했습니다. 그때 두 며느리의 반응은 어땠습니까(8-10절)?

*어머니의 백성에게로 돌아가겠나이다(10절): 유대교로 개종하겠다는 의미다.

❸ 며느리들이 모압으로 돌아가야 할 이유에 대해 나오미는 어떻게 설명했습니까(11-13절)?

❹ 나오미는 남편과 아들이 죽은 이유를 어디에서 찾았습니까(13절)?

*여호와의 손: 히브리 문학에서 손은 '권능'을 상징한다. 여기서는 악인에게 심판을, 의인에게 은총을 베푸시는 주의 능력을 의미한다.

❺ 며느리들의 남은 삶을 위해 이별을 결심하는 나오미의 마음은 어땠습니까(13절)?

❻ 자신들이 모압으로 돌아가야 할 이유를 들은 두 며느리는 각각 어떻게 반응했습니까(14절)?

*붙좇았더라: '두 물체가 딱 달라붙어 떨어지지 않다'라는 뜻이다. 오르바의 지극히 자연스러운 선택을 정죄할 수는 없지만, 룻의 선택은 평범함을 뛰어넘는 것이었다.

적용을 위한 글

하나님께서 자기 백성을 축복하여 그 땅에 풍년이 들게 하셨다는 소식을 들은 나오미는 서둘러 길을 떠났다. 이때 나오미는 두 며느리의 장래를 위해 눈물을 머금고 그들과 이별을 결심했다. 그녀는 울며 매달리는 두 며느리에게 자신의 아픔과 그들이 돌아가야 하는 현실적인 이유를 제시했다. 이에 오르바는 시어머니를 떠났지만, 룻은 뜻을 굽히지 않았다. 여기서 우리가 집중해야 할 것은 시어머니에 대한 한 여인의 효성이 아니다. 룻이 다윗의 조상이 되는 것도 본서의 일부분에 지나지 않는다. 오히려 큰 나라뿐만 아니라 작은 가정에도 관심을 기울이며, 구원의 역사를 이끄시는 하나님의 섭리를 다루고 있다. 또한 어려운 상황에서 피어나는 사랑의 아름다움을 그리고 있다. 이처럼 이방 여인 룻이 보여 주는 아름다운 사랑은 영적 선민의식에 사로잡힌 현대인들에게 좋은 교훈이 될 것이다.

적용 및 결단을 위한 질문

❶ 여러분이 높고 존귀한 모습일 때뿐만이 아니라 낮고 보잘것없는 모습일 때도 하나님의 손이 함께하심을 신뢰합니까? 그 이유는 무엇입니까?

❷ 어려움 가운데서 말씀을 믿고 결단하고 순종한 경험이 있다면 이야기해 보십시오.

16 나의 하나님

본문 룻기 1:15-22

외울 말씀 룻이 이르되 내게 어머니를 떠나며 어머니를 따르지 말고 돌아가라 강권하지 마옵소서 어머니께서 가시는 곳에 나도 가고 어머니께서 머무시는 곳에서 나도 머물겠나이다 어머니의 백성이 나의 백성이 되고 어머니의 하나님이 나의 하나님이 되시리니 (16절)

도입을 위한 글

새는 날개가 아무리 무거워도 그것을 떼지 않는다. 그 날개 때문에 날아오를 수 있기 때문이다. 배는 돛이 아무리 무거워도 그것을 잘라 버리지 않는다. 그 돛으로 말미암아 앞으로 나아갈 수 있기 때문이다. 기차는 화통이 아무리 무거워도 그것을 끝까지 달고 다닌다. 그 화통이 없다면 단 1m도 전진할 수 없기 때문이다. 비행기는 날개가 아무리 무거워도 그것을 작게 만들려고 하지 않는다. 그 날개로 인해 높이 날아오를 수 있기 때문이다. 어떤 사람이 시계에 달린 큰 추를 보고는 시계가 힘들어하는 것 같아서 그 추를 뗐다. 그랬더니 그 순간 시곗바늘이 멈춰 서고 말았다. 여러분은 누구를 의지하는가? 무엇에 인생을 걸고 있는가? 인생의 참된 주권자이신 하나님을 바라보라.

—서정오, 『하나님만이 희망이다』

도입을 위한 질문

❶ 최근에 무언가를 잃어버렸던 일, 억울하게 손해를 봤던 일, 인간관계에 문제가 생겼던 일 등이 있었습니까? 특별히 기억나는 일 하나를 이야기하고, 그 때의 감정을 나눠 보십시오.

❷ 여러분이 살아가면서 결코 잊어버리거나 잃어버리지 않겠다고 다짐한 것이 있다면 무엇입니까? 그 이유는 무엇입니까?

본문 질문

❶ 나오미는 룻에게 모압으로 돌아갈 것을 권유했습니다. 특히 마지막 권유는 매우 강력했습니다. 이 권유에 룻은 어떻게 반응했습니까(15-16절)?

❷ 룻은 시어머니와 운명을 같이하겠다는 굳은 결심을 당시 유행하던 맹세로 나타냈습니다. 그 맹세는 무엇입니까(17절)?

❸ 베들레헴 사람들은 초라하게 돌아온 나오미를 보며 무엇이라고 떠들었습니까(19절)?

❹ 나오미가 사람들에게 "나오미"(기쁨) 대신 불러 달라고 한 이름은 무엇입니까(20절)?

*마라: '슬픔, 괴로움'이라는 뜻이다.

❺ 나오미는 모든 일이 하나님의 주권 아래 있음을 믿었습니다. 이에 나오미는 사람들에게 무엇이라고 간증했습니까(21절)?

*하나님을 향한 원망으로 이해하면 안 된다. 나오미의 간증은 자신에게 일어난 일련의 과정들이 하나님의 주권 아래 있음을 인정하는 고백이다.

❻ 나오미가 베들레헴으로 돌아왔을 때는 언제였습니까(22절)?

*나오미가 베들레헴을 떠났을 때는 그 땅에 흉년이 든 상황이었다(룻 1:1). 반면 돌아왔을 때는 정반대의 상황이었다. 이는 이후의 사건 전개에 대한 암시를 주는 문학적 표현이다.

적용을 위한 글

룻이 시어머니 나오미를 따르기로 결심한 데는 비단 시어머니에 대한 생각만 있었던 것은 아니다. 룻은 이미 여호와를 알았고, 여호와를 믿었다. 그녀는 참된 신 여호와를 선택했다. 여호와를 섬기는 땅으로 가리라는 선택은 회심을 뜻했다. 룻은 모든 것을 보고 계시는 하나님을 믿었다. 그래서 시어머니를 떠나면 모든 것을 알고 계시는 하나님께서 벌을 내리시기 원한다는 맹세도 할 수 있었던 것이다. 한편 나오미 역시 하나님의 주권을 인정하는 신앙의 여인이었다. 비록 남편의 불신앙적 결정으로 풍족함을 모두 잃어버린 채 돌아왔지만, 이 모든 것이 하나님의 주권 아래 있음을 인정했다. 그리고 앞으로의 삶도 주권자이시며 전능자이신 하나님께 맡겨 드리는 믿음을 보였다. 우리의 삶 또한 하나님의 주권 아래 있다. 따라서 모든 것을 하나님께 맡기고 나아가면 반드시 선으로 우리를 인도해 주실 것이다.

적용 및 결단을 위한 질문

❶ 룻이 나오미에게 한 고백과 맹세는 예수님만 따라야 하는 그리스도인들에게 귀감이 됩니다. 현재 예수님을 따르는 여러분의 모습은 어떻습니까?

❷ 나오미는 풍족함도 텅 빔도 하나님의 주권 아래 있음을 인정했습니다. 여러분도 하나님께 모든 것을 맡겨 드리는 삶을 살고 있는지 점검해 보십시오.

17 온전한 상

본문 룻기 2:1-13

외울 말씀 여호와께서 네가 행한 일에 보답하시기를 원하며 이스라엘의 하나님 여호와께서 그의 날개 아래에 보호를 받으러 온 네게 온전한 상 주시기를 원하노라 하는지라 (12절)

도입을 위한 글

마더 테레사(Mother Teresa)가 세운 '니르말 흐리다이'(Nirmal Hriday, 죽음을 기다리는 집)에 보기만 해도 눈살이 찌푸려지는 사람들이 찾아왔다. 그들의 몸은 상처와 궤양으로 썩어 역겨운 냄새가 났다. 마더 테레사는 이 불운한 영혼들에게 자신만은 곁에 있다는 확신을 주려고 온갖 노력을 기울였다. 그녀는 환자들을 씻어 주고, 옷을 입혀 주고, 음식을 먹여 주고, 약을 줬다. 이로써 환자들은 자신들을 하나님의 자녀로서 사랑하고, 돌봐 주고, 자신들을 위해서 어떤 희생도 치를 수 있는 사람이 정말로 존재한다는 사실을 깨달았다. 그리고 마침내 하늘에 계신 주님께서 우리 아버지시며, 그분이 하늘나라로 가는 길을 인도하심을 확신했다. 마더 테레사는 그들에게 "우리는 이 세상의 나그네입니다. 하나님께서 우리의 아버지십니다. 하늘나라가 우리의 영원한 집입니다. 언젠가 우리는 이 세상에서 힘겨운 여행을 마친 후, 고통도 눈물도 없는 하늘나라에서 영원한 행복을 누릴 것입니다"라고 말했다. 그리고 환자가 세상을 떠날 때마다 다정하게 손을 잡고 그들을 위해 기도했다.

-T. T. 문다켈, 『소박한 기적』

도입을 위한 질문

❶ 마더 테레사가 불운한 영혼들을 위해 희생한 이유는 무엇입니까?

❷ 여러분은 하늘나라의 확신이 필요한 사람들에게 어떤 말을 해 줄 수 있습니까?

본문 질문

❶ 보아스는 누구입니까(1절)?

*유력한: 많은 재산을 소유하고 있으며, 사회적으로도 존경을 받는다는 뜻이다.

❷ 룻에게는 모든 것이 불리했습니다. 하지만 룻은 '모압 출신, 여자, 과부'라는 불리한 상황을 멋지게 딛고 일어섰습니다. 룻이 베들레헴에서 처음 시도했던 일은 무엇입니까(2절)?

*타국인, 고아, 과부는 추수 시 밭에서 이삭을 거둘 수 있는 권리가 율법에 보장돼 있었다. 룻은 이 사실을 잘 알고 있었다.

❸ 룻과 보아스의 우연적인 만남은 하나님의 계획 안에 있었습니다. 하나님은 룻과 보아스의 만남을 어떻게 만들어 가셨습니까(3–4절)?

*마침(4절): '그런데 보라'는 뜻으로, 룻기 저자는 하나님의 보이지 않는 손길을 보라고 강조하고 있다.

❹ 베는 자들을 거느린 사환은 보아스에게 룻에 대해 보고했습니다. 그는 룻이 이삭줍기를 어떻게 했다고 보고했습니까(5–7절)?

*단 사이에서(7절): 원래는 추수 후 바닥에 떨어진 이삭만 주워야 한다. 하지만 룻은 더 빨리 많은 이삭을 줍기 위해 추수한 후 세워 둔 단 사이에서 이삭을 줍겠다고 했다.

❺ 보아스는 룻을 "내 딸"(8절)이라 부르며 은혜를 베풀었습니다. 보아스가 룻에게 베푼 4가지 배려는 무엇입니까(8–9절)?

*딸(8절): 보아스가 룻보다 나이가 많았음을 알 수 있다.

❻ 보아스는 룻을 세심하게 배려했을 뿐만 아니라 그녀의 마음을 위로하고 기쁘게 하는 말을 했습니다. 구체적으로 어떤 말을 했습니까(12절)?

적용을 위한 글

룻은 자신의 어려운 상황을 하나님께 맡기고, 하나님의 은총이 임하길 간절히 바랐다. 동시에 그 상황을 이겨 내려 노력했다. 룻은 율법 안에서 과부, 이방인, 여자로서 생계를 유지할 수 있는 일을 찾았다. 마침내 이삭줍기라는 방법을 찾았고, 하나님은 그 현장에 은총을 부어 주셨다. 보아스의 밭으로 인도해 주시고, 보아스를 만나게 하시고, 보아스의 마음을 감동하게 하심으로, 그가 룻에게 세심한 배려와 위로의 말을 건네게 하셨다. 하나님은 당신을 바라보며 움직이는 사람에게 역사하신다. 하나님께 맡긴다는 것은 우리가 아무것도 하지 않음을 의미하지 않는다. 하나님께 맡기는 동시에 최선을 다해 자신의 몫을 감당해야 한다. 한편 보아스 역시 하나님의 은혜를 룻에게 전하는 축복의 통로 역할을 했다. 세심한 배려와 위로의 말로 룻을 일으켜 세웠다. 이처럼 하나님의 사람은 세상에 하나님의 은총을 전하는 축복의 통로다.

적용 및 결단을 위한 질문

❶ 우리 삶의 여러 가지 상황에 대한 여러분의 태도는 어떻습니까? 여러분은 룻처럼 하나님의 은혜를 구하며 최선을 다해 행동하고 있습니까?

❷ 보아스는 룻의 딱한 사정을 듣고 세심한 배려와 위로의 말로 도왔습니다. 여러분이 도와야 할 연약한 이웃은 누구며 어떻게 돕겠습니까?

18 파격적인 은혜

본문 룻기 2:14-23

외울 말씀 또 그를 위하여 곡식 다발에서 조금씩 뽑아 버려서 그에게 줍게 하고 꾸짖지 말라 하니라 (16절)

도입을 위한 글

린다(Linda)와 제리(Jerry)는 우리를 빛의 세계로 인도해 준 사람들이다. 우리는 당시에 그들의 생활 방식을 세심하게 관찰했다. 그들이 자신을 그리스도인이라고 소개했고, 우리는 그들이 정말로 진실한 그리스도인인지 알고 싶었다. 오랫동안 그들의 삶을 지켜보는 가운데 그들이 결코 완벽한 사람이 아니라는 사실을 알게 됐다. 우리가 그들에게서 발견한 것은 우리를 용납하려는 마음, 갈등이 있으면 진정으로 화해하려는 마음, 자신의 모난 부분을 인정하고 다듬으려는 노력, 항상 행복한 척하지 않고 믿음에 대한 갈등을 인정하는 태도였다. 무엇보다 이런 태도에 담긴 정신은 조금씩 예수님을 닮고자 하는 그들의 정직한 소망이었다. 다시 말해 그들은 진짜 그리스도인이었다.

–리 스트로벨, 『하나님의 파격적인 주장』

도입을 위한 질문

❶ 여러분의 영적 여행에 가장 중대한 영향을 끼친 사람은 누구입니까(예: 주변 사람, 책의 주인공, 성경 인물 등)? 구체적으로 어떤 영향을 받았는지 이야기해 보십시오.

❷ 여러분이 다른 사람에게 기꺼이 나눠 줄 수 있는 것은 무엇입니까? 그것을 선택한 이유는 무엇입니까?

본문 질문

❶ 식사할 때에 배고픈 룻을 위해 보아스가 베푼 배려는 무엇입니까(14절)?

*초: 식초를 말한다. 중근동 지방 사람들이 식사 때 빵에 찍어 먹던 일종의 양념이다.

❷ 보아스가 룻의 이삭줍기를 위해 추수꾼들(자기 소년들)에게 당부한 말은 무엇입니까(15-16절)?

❸ 룻은 하나님의 은혜와 보아스의 인애로 얼만큼의 보리를 얻었습니까(17절)?

*에바: 곡식의 측량 단위(약 22ℓ)다.

❹ 집에 돌아온 룻은 나오미에게 무엇을 보이고, 무엇을 드렸습니까(18절)?

❺ 룻은 그날 있었던 일과 보아스에 대한 이야기를 나오미에게 들려줬습니다. 나오미가 축복한 보아스의 아름다운 덕은 무엇입니까(19-20절)?

❻ 보아스와 룻은 어떤 관계입니까? 이것이 의미하는 바는 무엇입니까(20절)?

*기업을 무를 자: 법률적 의미의 구속자를 뜻한다. 친족의 땅을 되찾아 주고, 부당한 피를 복수하며, 죽은 친족의 후손을 이어 줘야 하는 의무를 지닌다.

적용을 위한 글

보아스는 룻에게 넘치는 은혜를 베풀었다. 그 은혜는 당시의 상식을 뛰어넘는 수준이었다. 보아스는 가난한 이방 여인이자 과부였던 룻을 무시하거나 업신여기지 않았다. 그는 자신의 밭을 찾아온 룻을 식사 자리로 초대해 자신과 소년들이 먹는 음식으로 배불리 먹였다. 그리고 룻이 나오미의 몫을 챙기도록 허락했다. 그는 자기 소년들에게 룻 몰래 밭에 곡식 단을 흘리도록 지시했다. 또한 룻을 책망하거나 꾸짖지 말라고 지시했다. 이는 룻이 이삭줍기를 평안하게 할 수 있도록 배려한 것이다. 뿐만 아니라 룻이 추수를 마칠 때까지 이삭줍기를 할 수 있도록 했다. 이 얼마나 파격적인 배려인가? 우리는 다른 사람을 배려하거나 도와줄 때, 나름의 선을 정하고 그 선을 넘어가지 않으려 한다. 그러나 우리는 이미 하나님의 파격적인 은혜와 사랑을 맛보았다. 보아스의 모습을 통해 다시금 하나님의 모습을 닮고자 결단하는 시간을 가지기 바란다.

적용 및 결단을 위한 질문

❶ 보아스는 룻에게 당시의 상식을 뛰어넘는 파격적인 배려를 했습니다. 다른 사람을 돕거나 배려할 때 여러분의 모습은 어떻습니까? 보아스를 통해 어떤 점을 고쳐야 하는지 점검해 보십시오.

❷ 룻은 보아스의 밭에서도, 시어머니 앞에서도 자신의 역할을 성실히 수행했습니다. 이처럼 그리스도인은 자신에게 맡겨진 일을 성실히 감당해야 합니다. 현재 여러분은 어떤 모습으로 맡겨진 일을 감당하고 있습니까?

19 기업 무를 자

본문 룻기 3:1-9

외울 말씀 이르되 네가 누구냐 하니 대답하되 나는 당신의 여종 룻이오니 당신의 옷자락을 펴 당신의 여종을 덮으소서 이는 당신이 기업을 무를 자가 됨이니이다 하니 (9절)

도입을 위한 글

그리스도가 이 땅에 내려오셨기 때문에 무슨 일이 일어났는지 생각해 본 적 있는가? 그분의 사랑으로 이 세상은 사랑이 넘치는 곳이 됐고, 그분의 치유의 손길로 이 세상은 인간미가 샘솟는 곳이 됐고, 그분의 희생으로 이 세상은 더욱 겸손한 곳이 됐다. 그리스도는 우리 삶에 희망의 무지개를 드리우시며, 우리가 무엇을 위해 살아야 하는지 가르쳐 주셨다. 그리스도가 이 땅에 오지 않으셨다면, 이 세상은 희망 없는 곳이 됐을 것이다. 하나님께 다가갈 수도 없고, 용서도 없었을 것이다. 아무리 많은 것을 가졌더라도 그리스도가 없으면 아무것도 가지지 못한 것이다. 비록 가난하더라도 그리스도가 함께하시면 여러분은 모든 것을 가진 사람이다.

–빌리 그레이엄, 『예수의 십자가를 기억하라』

도입을 위한 질문

❶ 여러분 인생에서 예수님께서 차지하는 비중은 얼마나 되는지 솔직하게 나눠 보십시오.

❷ 만약 예수님을 몰랐다면 여러분은 지금 어떤 삶을 살고 있을 것 같습니까?

본문 질문

❶ 나오미는 룻을 복되게 하기 위해 무엇을 구하려 했습니까(1절)?

*안식할 곳: '휴식처, 안식처'라는 뜻으로, 평안히 휴식할 수 있는 장소인 '가정'을 가리킨다.

❷ 나오미가 룻이 재혼할 짝으로 지목한 사람은 누구입니까? 그 이유는 무엇입니까(2절)?

❸ 나오미는 청혼을 앞둔 룻을 어떻게 준비시켰습니까(3-4절)?

❹ 룻은 충격적이며, 위험이 수반되는 나오미의 제안에 어떻게 반응했습니까(5-6절)?

❺ 룻은 보아스가 곡식 단 더미 끝에 눕는 것을 보고 어떻게 했습니까(7절)?

❻ "당신의 옷자락을 펴 당신의 여종을 덮으소서"라는 말은 청혼의 메시지였습니다. 이런 룻의 청혼이 정당한 이유는 무엇입니까(9절)?

*옷자락: '덮다'라는 뜻에서 유래했으며, '치마, 옷자락, 보의 가장자리'를 가리킨다.

적용을 위한 글

어느 날 나오미는 며느리에게 충격적인 제안을 했다. 그것은 바로 이삭을 줍는 밭의 주인인 보아스에게 청혼하라는 것이었다. 갑작스러운 제안에 룻은 당황스러웠을 것이다. 이는 비밀리에 진행해야 하는 위험스러운 일이었기 때문이다. 또한 나이 많은 보아스의 아내가 되는 것도 두려운 일인데, 만약 거절을 당하면 얼굴을 들고 다니기 어려울 게 뻔했기 때문이다. 하지만 룻은 나오미의 제안에 순종했다. 룻은 어머니의 말씀이라면 모두 다 행하겠다고 입술로 긍정하고, 그 말대로 행동했다. 참된 순종의 좋은 예라고 할 수 있다. 우리도 하나님께 룻과 같은 자세로 순종해야 한다. 한편 우리는 룻의 청혼에서 그리스도께 나아가야 할 자세에 대한 귀한 깨달음을 얻게 된다. 예수님은 그리스도인들의 기업 무를 자시다. 그분은 죄와 사망에 속한 우리를 십자가의 피로 속량하시고, 신부로 삼으셨다. 우리의 본성으로는 신부가 될 자격이 없지만, 하나님의 약속을 믿고 나아갈 때 당당하게 그분의 신부임을 주장할 수 있다. 자신이 죄인임을 겸손히 고백하는 동시에 십자가의 은혜를 믿음으로 순결하고 당당한 그리스도의 신부로 살아가야 한다.

적용 및 결단을 위한 질문

❶ 룻은 윗사람인 나오미의 말에 무조건 순종했습니다. 여러분은 룻처럼 윗사람들의 말을 잘 따르고 있습니까? 이때 어려운 점이 있다면 무엇이며, 그것을 극복하기 위해서 어떻게 행동하고 있습니까?

❷ 룻은 겸손하지만, 하나님의 법에 근거한 믿음으로 청혼했습니다. 여러분은 성도의 '기업 무를 자' 되시는 예수님을 믿고 당당한 그리스도의 신부로 살아가고 있습니까? 여러분의 삶을 살펴보고 부족한 점은 무엇인지 점검해 보십시오.

20 룻의 인애

본문 룻기 3:10-18

외울 말씀 그가 이르되 내 딸아 여호와께서 네게 복 주시기를 원하노라 네가 가난하건 부하건 젊은 자를 따르지 아니하였으니 네가 베푼 인애가 처음보다 나중이 더하도다 (10절)

도입을 위한 글

그리스도인의 기쁨은 변화와 성숙에 있다. 자신의 인격이 성숙해지는 과정을 보는 것은 기쁜 일이다. 그럴 때 우리는 대단한 일을 성취한 것보다 큰 기쁨을 경험한다. 가장 위대한 성취는 자아가 성숙해져 예수님의 모습을 닮는 일이다. 바로 예수님의 주권 아래서 살아가는 것이다. 우리의 인격이 성숙할 때 자아를 초월해 사랑과 지혜로 이웃을 섬길 수 있게 된다. 따라서 우리는 지속적인 변화와 성숙을 위해 마음을 가꿔야 한다. 우리의 마음은 정원과 같다. 그래서 제임스 알렌(James Allen)은 "인간의 정신은 지적으로 계발될 수 있으며, 그렇지 못할 경우 황폐해진다. 그러나 계발하든 방치하든 인간의 정신은 열매를 맺어야 하고 열매를 맺게 돼 있다"라고 말했다.

-강준민, 『마음의 정원을 가꾸는 지혜』

도입을 위한 질문

❶ 10년 전과 비교해 지금 여러분의 모습 중 가장 많이 변하거나 성숙해진 부분은 무엇입니까? 그렇게 변화된 계기는 무엇입니까?

❷ 여러분의 '마음의 정원'은 어떤 모습입니까? 그곳에는 어떤 열매가 자라고 있습니까? 혹시 정원을 방치하고 있지는 않습니까?

본문 질문

❶ 보아스는 자신에게 청혼한 룻을 축복했습니다. 그 이유는 무엇입니까(10절)?

*처음보다 나중이: 시어머니를 좇아 베들레헴을 선택하고 힘든 이삭줍기를 했던 처음보다 보아스에게 청혼한 나중이 더 힘든 선택이었다는 뜻이다.

❷ 룻을 바라보는 보아스의 인식이 긍정적으로 변함에 따라 그녀에 대한 호칭이 어떻게 달라졌습니까(11절)?

*현숙한 여자: 심신이 강건하고 부지런하며, 도덕적으로나 사회적으로 흐트러짐 없는 여자를 의미한다.

❸ 보아스는 룻의 청혼을 받아들였지만 해결해야 할 문제가 있었습니다. 그것은 무엇입니까(12–13절)?

❹ 보아스는 룻에게 타작 마당에서 밤을 보낸 후 새벽에 집으로 돌아가라고 했습니다. 그 이유는 무엇입니까(14절)?

❺ 보아스는 룻을 타작 마당에 두고 성으로 돌아오기 전에 나오미를 위해 무엇을 보냈습니까(15, 17절)?

*빈 손(17절): 이는 '비어 돌아온' 나오미에게 풍요함을 채워 줄 것이라는 강한 암시다(룻 1:21).

❻ 나오미는 룻에게 혼인이 성사되기까지 어떤 태도를 취하라고 했습니까(18절)?

*앉아 있으라: '서두르지 말고 조용히 일의 결과를 기다리라'는 의미다.

적용을 위한 글

룻은 시어머니의 제안에 따라 보아스에게 청혼했다. 보아스는 룻의 청혼을 기꺼이 받아들였다. 인애로운 보아스의 눈에도 룻의 희생적인 사랑과 섬김이 귀하게 보였다. 룻이 고향인 모압 땅을 버리고 베들레헴과 여호와 하나님을 선택한 것은 대단한 인애였다. 게다가 시어머니를 위해 새벽부터 저녁까지 쉬지 않고 이삭을 주운 것도 큰 헌신이었다. 무엇보다 가장 큰 인애는 보아스에게 청혼한 것이었다. 룻은 시어머니를 위해 '기업 무를 자'인 보아스에게 청혼했다. 한편 룻의 청혼 과정에서 나타난 보아스와 나오미의 신중함은 하나님의 사람들이라면 꼭 본받아야 할 성품이다. 보아스는 룻의 청혼을 기꺼이 받아들이면서 절차적인 문제를 마무리하는 것을 잊지 않았다. 이처럼 모든 일은 하나님 앞에서 결정하고 실행해야 한다. 따라서 각자의 본분을 다하되 그 결과는 하나님께 맡기는 자세가 필요하다.

적용 및 결단을 위한 질문

❶ 이방 여인 룻의 믿음과 인애는 점점 성장했습니다. 여러분은 날마다 영적으로 성장하기 위해 어떤 노력을 하고 있습니까?

❷ 나오미는 모든 결과를 하나님께 맡겼습니다. 여러분은 모든 일에 하나님의 인도하심을 구하고 있는지 점검해 보십시오.

21 보아스의 열정

본문 룻기 4:1-12

외울 말씀 이에 그 기업 무를 자가 보아스에게 이르되 네가 너를 위하여 사라 하고 그의 신을 벗는지라 (8절)

도입을 위한 글

영국의 철학자 프랜시스 베이컨(Francis Bacon)은 사람을 세 종류로 분류했다. 첫 번째는 '거미형'으로, 있어서는 안 될 사람이다. 거미는 일도 안 하고, 잠만 자다가 남의 피를 빨아먹는다. 즉, 이기주의적 인간형의 모델이다. 두 번째는 '개미형'으로, 있으나 마나 한 사람이다. 개미는 부지런하고 단결심도 강하지만, 자기 조직을 위해서만 잘 뭉친다. 즉, 개인주의적 인간형의 모델이다. 세 번째는 '꿀벌형'이다. 꿀벌은 조직력이 강하고 부지런하다. 또한 열심히 꿀을 만들어 베풀 줄 안다. 즉, 이타적 인간형의 모델이다. 베이컨은 우리 사회에서 꼭 필요한 사람은 바로 꿀벌형인 사람이라고 말한다.

—「양산시민신문」

도입을 위한 질문

❶ 여러분은 위의 세 종류의 사람 중 어떤 유형에 속합니까? 그렇게 생각하는 이유는 무엇입니까?

❷ 여러분 주위에서 '꿀벌형'과 같은 인물을 찾아보십시오. 그 사람에게 배워야 할 점은 무엇인지 구체적으로 이야기해 보십시오.

본문 질문

❶ 보아스가 성문에 앉아 있을 때, 그 앞을 지나간 사람은 누구입니까(1절)?

❷ 보아스는 기업의 우선권자 외에도 누구를 청했습니까(2절)?

❸ 보아스가 기업 무를 자를 부른 이유는 무엇입니까? 이에 대해 기업 무를 자는 무엇이라 대답했습니까(3-4절)?

❹ 엘리멜렉의 소유지를 사기 위한 단서 조항은 무엇입니까(5절)?

❺ 기업의 우선권자가 권리를 포기한 이유는 무엇입니까? 그 표시로 그는 어떤 행동을 했습니까(6–8절)?

❻ 증인들은 어떤 말로 보아스와 룻의 결혼을 축복했습니까(11–12절)?

*이방 여인 룻을 직계 조상 야곱의 아내들에 빗대어 축복한 것은 상당히 파격적인 일이다. 베레스 가문은 계대 결혼을 통해 번성한 가문의 표상이다.

적용을 위한 글

베들레헴에는 엘리멜렉의 기업 무를 자가 2명 있었다. 그중 한 사람이 보아스다. 하나님은 보이지 않는 손길로 재판 장소인 성문에서 두 사람을 만나게 하셨다. 이 자리에는 장로들과 주민들도 모여 있었다. 두 사람은 모두 적극적이었으나, 삶의 목적은 전혀 달랐다. 기업의 우선권자는 자신의 이익에 적극적이었다. 반면 보아스는 엘리멜렉, 나오미, 이방 여인 룻을 위해 적극적인 헌신을 보였다. 우리는 매사에 적극적일 필요가 있다. 뜨거운 열정을 갖고, 긍정적이며, 합리적인 자세를 취해야 한다. 그러나 더 중요한 것은 '무엇을 위해 적극적일 것인가'다. 자신의 이익만을 위한 적극성은 헛된 노력이다. 이는 신기루처럼 곧 없어질 허상이다. 우리는 자신을 부인하고 하나님의 사랑과 인애를 실천하기 위해 적극적으로 노력해야 한다. 여기서 기업을 무르기 위해 대가를 지불하는 보아스의 모습은 그리스도를 예표한다. 예수님은 십자가의 고난을 통해 우리의 죗값을 대신 치러 주셨다. 예수님만이 우리의 기업 무를 자요, 희망이시다. 세상의 어떤 것도 우리의 죄를 담당할 수 없다. 오직 예수님만이 하실 수 있다.

적용 및 결단을 위한 질문

❶ 보아스와 기업 우선권자의 삶의 기준에는 어떤 차이점이 있습니까?

❷ 보아스는 기업을 무르기 위해 아낌없이 대가를 지불했습니다. 여러분의 '기업 무를 자'이신 예수님은 여러분을 위해 어떤 대가를 지불하셨습니까?

22 룻과 보아스의 결혼

본문 룻기 4:13-22

외울 말씀 살몬은 보아스를 낳았고 보아스는 오벳을 낳았고 오벳은 이새를 낳고 이새는 다윗을 낳았더라 (21-22절)

도입을 위한 글

미국의 유명한 크리스천 작가인 마라벨 모건(Marabel Morgan)은 하나님의 은혜를 체험하고 하나님의 영광을 위해 헌신하는 삶을 열망했다. 그런데 하나님의 인도하심은 전혀 딴판이었다. 당시 변호사였던 한 남자와 결혼해 20년을 보낸 것이다. 자신이 평범한 주부가 되어 부부 문제, 자녀 문제, 생활 문제, 관계 문제 등으로 고통을 받으면서 다른 사람과 구별 없는 삶을 살리라고는 상상도 하지 못했다는 것이다. 그런데 20년이 지난 후 그녀는 여성의 삶을 다룬 작가가 됐다. 이는 단순한 이론이 아닌 철저한 체험에서 나왔으며, 성경적 시각이 깊숙이 배어 있었다. 수많은 불신 여성이 눈물을 흘리며 주님을 영접했고 빛바랜 신앙을 가진 크리스천들은 새로운 은혜로 회복의 기쁨을 맛보았다. 그제야 그녀는 20년 동안의 고통이 헛된 것이 아니었고, 헌신된 삶을 위한 준비 단계라는 사실을 깨닫게 됐다. 기도의 응답을 즉각 체험하는 것만이 축복이 아니다. 하나님께서 침묵하시는 기간에 순종과 인내를 배우는 것도 축복이요 은혜다.

–바이블넷

도입을 위한 질문

❶ 여러분의 삶에서 가장 응답받고 싶은 일은 무엇입니까?

❷ 지금 여러분이 겪는 고통과 인내는 헌신된 삶을 위한 준비 단계임을 신뢰합니까? 그 신뢰를 더 굳건하게 하는 데 필요한 요소는 무엇입니까?

본문 질문

❶ 보아스와 룻에게 아들을 잉태하게 하신 분은 누구입니까(13절)?

❷ 나오미가 손자를 얻자, 여인들은 무엇이라고 말했습니까(14절)?

*없게 하지 아니하셨도다: 하나님께서 기업 무를 자를 직접 주셨음을 강하게 강조한 표현이다.

❸ 베들레헴 여인들은 룻에 대해 어떻게 평가했습니까(15절)?

❹ 룻이 낳은 아들의 이름은 무엇이며, 누가 그를 양육했습니까(16-17절)?

*오벳(17절): '섬긴다'라는 뜻의 '아바드'의 분사형이다. 늙은 외할머니 나오미를 섬기게 될 자다.

❺ 베레스부터 다윗까지의 족보에 나오는 인물을 순서대로 기록해 보십시오(18-22절).

❻ 다윗의 족보를 통해 하나님의 구원은 신분, 인종, 성별과는 상관없음을 알 수 있습니다. 다음의 표를 정리해 보십시오(18, 21절).

절	이름	특이한 점
18절		유다와 그의 며느리 다말 사이에서 계대 결혼을 통해 태어난 자로, 헤스론을 낳은 자
21절		여리고 정복 시 기생 출신 라합과 결혼해 보아스를 낳은 자
21절		모압 여인 룻과 결혼해 오벳을 낳은 자

적용을 위한 글

나오미는 '하나님의 약속의 땅으로 돌아가겠다'라는 일념으로 베들레헴에 왔다. 하나님은 그녀의 노년에 풍성한 은혜를 베푸셨다. 룻은 홀로 남겨진 시어머니를 따르려는 결심을 품었다. 그리고 시어머니의 하나님을 자신의 하나님으로 생각했다. 그 작은 생각에 하나님의 인애가 깃들었다. 하나님은 룻에게 죽은 남편을 대신할 남편을 얻게 하시고 아들을 '잉태하게' 하셨다. 오벳은 하나님께서 룻에게 직접 선물하신 아들이었다. 나오미는 이제 하나님의 인애로 가득한 삶을 살게 됐다. 룻 역시 사람들의 부러움의 대상이 됐다. 그녀는 '일곱 아들보다 귀한 며느리'라는 칭찬을 들었다. 하나님의 인애가 깃드는 삶은 복이 있다. 그분의 은혜는 한 개인과 가정을 넘어 민족과 나라까지도 복되게 한다. 그 무엇보다 크고 신실하신 하나님의 인애를 구하라.

적용 및 결단을 위한 질문

❶ 나오미가 모압에 머물렀거나, 룻이 시어머니를 버리고 모압으로 돌아갔거나, 보아스가 인애를 베풀지 않았다면 역사는 어떻게 흘러갔겠습니까?

❷ 나오미와 룻은 오랜 순종과 기다림 끝에 보아스를 만나서 복된 인생을 살게 됐습니다. 그리고 그들의 자손인 다윗 왕은 이스라엘을 번영으로 이끌었습니다. 다윗의 자손인 예수님은 여러분에게 어떤 의미입니까?

인도자를 위한 지침

01 아하수에로 왕의 잔치

본문에는 세상의 권력을 소유한 자의 단면이 여실히 그려집니다. 날로 커지는 욕심, 교만함, 방종 등은 하나님 없는 삶을 대변해 줍니다. 아무리 위대한 왕이라도 욕심 앞에 무릎 꿇으며, 허상을 좇는 한 죄인에 불과합니다. 참여자들과 함께 허상을 붙잡는 삶을 살고 있지는 않은지 점검해 보십시오.

02 폐위당하는 와스디

술에 취해 무리한 명령을 내린 왕, 왕의 눈치만 보며 불의한 조언을 하는 신하들, 여성은 남성에게 굴복해야만 한다는 불의한 사회 통념으로 인해 와스디가 폐위됐습니다. 의로우신 하나님을 떠난 세상은 불의로 가득합니다. 참여자들과 함께 다시 오셔서 공의로 심판하실 예수님을 바라보는 삶을 다짐해 보십시오.

03 보이지 않는 손길

이번 과에서는 보이지 않는 하나님의 손길을 느낄 수 있습니다. 비록 이름은 드러나 있지 않지만, 하나님은 에스더의 배후에서 세밀하게 역사하고 계셨습니다. 우리의 인생도 하나님의 섭리 안에 있음을 주지하며, 참여자들과 함께 보이지 않는 하나님을 의지했던 경험을 나눠 보십시오.

04 에스더와 모르드개

하나님께서 당신의 백성을 높이실 때는 그에 합당한 이유가 있기 마련입니다. 우리의 소유, 사회적 지위, 능력 등은 모두 하나님 나라의 확장을 위해 주님께서 주신 것들입니다. 참여자들과 함께 각자 소유하고 있는 것들을 하나님 나라를 위해 잘 활용하고 있는지 점검해 보십시오.

05 하만의 흉계

하나님의 백성으로서 분명한 자의식을 갖고 있었던 모르드개를 통해 신앙의 절개를 지키는 삶을 생각해 보게 됩니다. 참여자들과 함께 세상에서 그리스도인으로 살아가는 어려움을 나누고, 십자가의 길을 좇는 삶을 살기로 결단해 보십시오.

06 에스더의 결단

민족적 위기 앞에서 모르드개는 금식하며 기도했습니다. 하나님께서 예비하신 왕후 에스더는 죽음을 불사하며 헌신했습니다. 참여자들과 함께 하나님께서 각자에게 주신 사명을 점검해 보고, 어떻게 순종할 수 있을지 구체적인 방법에 대해 토론해 보십시오.

07 왕에게 나아간 에스더

에스더는 민족 구원의 각오를 실천으로 옮겼습니다. 그 실천은 자신의 생각대로 조급하게 행동하는 모습이 아니었습니다. 금식하고 기도하며 하나님의 지혜를 구하고, 하나님께서 주신 지혜와 계획대로 한 걸음씩 내딛는 그런 순종이었습니다. 하나님은 기도하며 당신의 지혜를 구하는 자들과 함께 일하십니다. 그리고 하나님의 계획대로 차분하게 순종하는 자들을 기뻐하십니다. 참여자들과 함께 각오, 헌신, 순종하는 삶에 대해 토론해 보십시오.

08 교만과 자랑의 사람 하만

오직 자신만 아는 이기주의자 하만은 세상에 속한 사람의 전형적인 모습입니다. 그는 자신이 소유한 명예, 재물, 사람들을 자랑했습니다. 심지어 더 많은 명예를 소유하기 위해 약자를 짓밟으려 했습니다. 하지만 하늘에 속한 사람은 다릅니다. 우리의 기쁨은 소유에 있지 않으며, 예수님을 통해 하나님의 자녀가 됐다는 사실에 있습니다. 참여자들과 함께 하나님의 자녀로서 어떻게 기쁨을 누리고 있는지 토론해 보십시오.

09 높아진 모르드개

자신을 높이고 모르드개를 나무에 달아 죽이려던 하만의 악한 계획은 결국 수포로 돌아갔습니다. 그 사건으로 하나님은 왕의 불면증, 궁중 일기의 모르드개 공적 부분, 왕의 질문 등을 사용하시면서 섬세하게 역사를 이끄셨습니다. 이를 통해 우리는 결국 하나님의 사람들이 최후 승리를 얻게 될 것을 확신하게 됩니다. 묵묵하게 하나님의 말씀만 붙잡고 순종하며 나아갔던 모르드개는 최후 승자였습니다. 참여자들과 함께 하나님의 말씀만 붙잡고 나아갈 수 있도록 서로 격려해 주십시오.

10 나무에 달린 하만

에스더에서 가장 극적인 장면이 나오는 부분입니다. 에스더의 소원을 물어보는 왕의 질문, 그에 대답하는 에스더, 왕의 반응을 주목해 보십시오. 그 과정에서 에스더의 지혜가 빛을 발했습니다. 순간순간 하나님께서 주신 지혜로 어려움을 극복하는 에스더를 보며 귀한 교훈을 얻을 수 있습니다. 또한 하만의 몰락을 통해 악은 반드시 심판받는다는 교훈도 얻을 수 있습니다. 참여자들과 함께 하나님을 의지하는 자와 하나님을 의지하지 않는 자의 최후를 비교해 보십시오.

11 새로운 조서

에스더는 하만이 죽은 후, 그의 엄청난 재산을 갖게 됐습니다. 모르드개는 하만이 가지고 있던 명예를 얻었습니다. 하지만 에스더는 기뻐하지 않았습니다. 오히려 울었습니다. 아직도 무찔러야 할 대적이 있었기 때문입니다. 모르드개 역시 완전한 승리를 위해 쉬지 않고 노력했습니다. 이를 통해 우리는 '이 땅에서의 영적 전쟁은 계속된다'라는 영적 경각심을 갖게 됩니다. 참여자들과 함께 부와 명예 등 세상의 것을 소유하는 데 정신이 팔려 있지는 않은지 점검해 보십시오.

12 대적들의 진멸

유다인들은 대적들을 멸하기 위해 하나가 돼 헌신하는 모습으로 온전히 순종했습니다. 유다인 공동체가 공동의 목표를 위해 서로 희생하고 헌신하고 단합하는 모습은 바사 제국의 모든 사람을 두렵게 했습니다. 이처럼 주님의 일을 온전하게 순종할 때 하나님의 자녀는 주님께서 역사하시는 능력을 소유하게 됩니다. 참여자들과 함께 각자 속한 신앙 공동체의 모습을 점검해 보십시오.

13 부림일

이번 과에서는 부림절이 제정된 목적이 밝혀집니다. 부림절은 공동체의 구성원들이 나눔을 통해 더욱 하나가 되는 절기입니다. 또한 부림절을 기념함으로써 구원의 하나님을 다음 세대가 간접적으로 체험하게 하는 목적도 있습니다. 참여자들과 함께 한국 교회에서 지키는 절기를 살펴보고, 절기를 지키는 이유와 어떻게 하면 다음 세대가 하나님을 알도록 할 수 있을지에 대해 토론해 보십시오.

14 엘리멜렉과 두 아들

본문은 우리에게 여러 가지 선택을 소개합니다. 바로 엘리멜렉의 선택, 두 아들의 선택, 나오미의 선택입니다. 또한 각각의 선택으로 말미암은 결과를 보여 줍니다. 참여자들과 함께 선택의 중요성과 하나님의 섭리의 시작에 대해 토론해 보십시오.

15 룻과 나오미

나오미는 두 며느리의 장래를 위해 매우 힘든 이별을 결심했습니다. 이때 룻은 자신의 신을 버리고 시어머니를 따르기로 했습니다. 참여자들과 함께 두 여인의 이타적이고 헌신적인 사랑을 살펴보고 자신의 모습을 점검해 보십시오.

16 나의 하나님

본문에 나오는 나오미와 룻의 대화, 나오미와 베들레헴 사람들과의 대화를 통해 나오미와 룻의 마음을 헤아려 보도록 합니다. 하나님을 향한 룻과 나오미의 믿음은 두 여인에게 삶의 밑거름이 됩니다. 참여자들과 함께 하나님을 따르는 것과 하나님의 주권을 인정하는 삶에 대해 토론해 보십시오.

17 온전한 상

룻은 하나님의 은혜를 바라며, 담담히 자신의 어려운 상황을 이겨 냈습니다. 보아스는 자신의 소유를 기꺼이 나눌 줄 아는 사람이었습니다. 이들을 통해 어려운 중에 하나님의 은혜를 구하는 삶과 풍족할 때 하나님의 은혜를 나누는 법을 깨닫게 될 것입니다. 참여자들과 함께 하나님의 은혜를 구하며 자신의 소유를 나누고 있는지 점검해 보십시오.

18 파격적인 은혜

룻을 향한 보아스의 배려가 이어집니다. 보아스의 행동에서 '기업 무를 자'의 모습을 엿볼 수 있습니다. 시어머니를 생각하고 보살피는 룻의 모습도 아름답습니다. 하루 동안 열심히 이삭을 줍고, 음식을 가져다드리고, 그날 있었던 일들을 숨김없이 이야기합니다. 며느리의 안전을 걱정하는 나오미의 모습에서도 인간미 넘치는 하나님의 사람들의 모습을 보게 됩니다. 참여자들과 함께 하나님의 사람으로서 배려하는 삶이란 무엇인지 토론해 보십시오.

19 기업 무를 자

시어머니에게 순종하는 룻의 모습에서 하나님의 말씀에 어떻게 반응해야 하는지를 배울 수 있습니다. 또한 룻이 보아스에게 청혼할 때 취했던 겸손과 믿음은 성도들이 우리의 기업 무를 자 되시는 예수님 앞에서 어떻게 살아가야 하는지를 보여 줍니다. 즉, 자신이 죄인임을 겸손히 인정하는 동시에 그리스도를 통한 하나님의 구원 약속을 믿으며 당당히 그분의 신부임을 믿고 인정해야 합니다. 참여자들과 함께 룻의 순종과 겸손과 믿음을 본받는 삶을 다짐해 보십시오.

20 룻의 인애

이번 과는 하나님의 사람들의 성숙한 모습을 그리고 있습니다. 룻의 섬김과 인애는 '처음 것보다 더한' 성장의 모습을 보여 줍니다. 보아스는 룻의 청혼을 기꺼이 받아들이면서도 법과 질서를 지키는 성숙한 모습을 보여 줍니다. 나오미 역시 며느리를 깊이 사랑하는 성숙함과 모든 일을 하나님께 맡기고 겸손히 나아가는 모습을 보여 줍니다. 참여자들과 함께 하나님의 사람들이 이뤄야 할 영적 성숙의 모습에 대해 토론해 보십시오.

21 보아스의 열정

이번 과에서는 두 유형의 사람들이 나타납니다. 이들은 '기업을 무르는 것'에 대해 결정해야 했습니다. 한 사람은 자기의 이익을 따랐지만, 보아스는 '보다 더 많은 사람의 이익'을 기준으로 세웠습니다. 여기서 하나님의 사람들이 가져야 할 기준을 배울 수 있습니다. 특히 보아스의 신실하고 책임감 있는 모습은 온 인류를 위해 희생하신 예수님의 모습을 예표합니다. 참여자들과 함께 삶의 기준을 어떻게 세워야 할지에 대해 토론해 보십시오.

22 룻과 보아스의 결혼

마침내 슬픔은 기쁨이 되고, 절망은 희망이 됐습니다. 텅 빈 것이 가득 채워지고, 한숨은 사라져 찬송이 된 것입니다. 이 사건의 중심에는 보아스가 있었지만, 그 배후에는 보이지 않는 하나님께서 계셨습니다. 이처럼 보아스를 통해 한 가문을 축복하시는 하나님의 은혜는, 예수님을 통해 온 인류와 우주에 미칠 엄청난 사건을 예고합니다. 특히 다윗으로 이어지는 족보는 장차 오실 예수님에 대한 뿌리를 증거하고 있습니다. 참여자들과 함께 어떻게 하면 하나님의 은혜를 세상에 전하는 통로가 될 수 있을지에 대해 토론해 보십시오.

지은이

이상훈 목사

총신대학교 기독교교육과(B.A.)
총신대학교 신학대학원(M.div.equ.)
웨스트민스터신학대학원대학(Th. M.)
현) 하늘향기교회 담임목사
프리셉트성경연구원, 총회출판국, 주만나 집필위원

심도 있게 편찬된
구역 및 대학·청년부 BEST G.B.S. 교재

BEST 에스더/ 룻기

지은이 | 프리셉트팀(이상훈)

초판 1쇄 | 2018년 7월 31일

발행인 | 김경섭
국제총무 | 최복순
총무 | 김상현
기획국장 | 김현욱
서적부 | 양재성, 신충경, 신성화
편집부 | 고유영(편집실장), 김지혜, 허윤희(편집), 유권지(디자인)

발행처 | 묵상하는사람들
등록번호 | 20-333
일부총판 | 생명의말씀사 Tel. (02) 3159-7979 Fax. 080-022-8585

주소 | 서울시 동작구 사당로2가길 91(사당동) (우) 07028
전화 | (02) 588-2218 팩스 | (02) 588-2268
홈페이지 | www.precept.or.kr
국민은행 772-21-0310-382(김경섭)

값 3,800원
ISBN 978-89-8475-739-4 04230
978-89-8475-456-0 04230(세트)

독자 여러분의 의견을 기다립니다.
독자 전화 (02) 588-2218 / pmnqt@hanmail.net